Till min husman

Mariana Mattsson

Inte bara trädgård

55 krönikor om hortikultur

Fotograf: Reginald Scholz

Andra reviderade och utökade upplagan
Del I har tidigare utkommit som e-bok 2013,
då med ISBN: 978-91-981527-2-2

Förlag: BoD – Books on Demand, Stockholm,
Sverige
Tryck: BoD – Books on Demand, Norderstedt,
Tyskland

ISBN: 978-91-7699-499-3

Innehåll

Förord

Det var när vi stod vid det nyplanterade päronträdet i min trädgård som frågan kom.
- Skulle du vilja skriva trädgårdskrönikor från Lappland i Hemträdgården under nästa år? Det var tidningens dåvarande redaktör Karin Görling som ställde frågan. Året var 2008 och min trädgård var en av de privata trädgårdar som besöktes under Riksförbundet Svensk Trädgårds sommarmöte i lappmarken, med deltagare från hela landet. Jag besvarade förstås frågan med ett lyckligt JA! och skred till verket och tangentbordet med stor entusiasm. Äntligen skulle jag få predika för världen om de fantastiska möjligheter till odling och trädgårdsskapande som finns i Lappland, men som nästan aldrig fått den positiva uppmärksamhet som de så väl förtjänade. Mina krönikor skulle minsann ändra på detta förhållande, nu var det dags att radikalt vända upp och ner på trädgårdskartan!

Åtta år och och 48 krönikor senare kan jag konstatera att entusiasmen fortfarande håller i sig. Det är en sann fröjd att fundera över alla de teman och associationer som ordet trädgård kan väcka och inrymma, och därefter hitta en personlig och norrländsk vinkel samt en glad knorr, men ibland också våga vara kritisk och ifrågasättande. Det sistnämnda tycker jag själv att vi ser alltför lite prov på i svensk trädgårdsmedia - den är ofta alldeles för trevlig!

Det är en ära och en ansvarsfull uppgift att få medverka i Sveriges främsta kvalitetstidskrift inom

7

trädgård, med idel kunniga experter som skribenter och en djupt intresserad och vetgirig läsekrets som läser varenda rad i tidningen. Hemträdgården står för pålitlig kunskap om miljömässig odling och den ges ut av Riksförbundet Svensk Trädgård, Sveriges största trädgårdsorganisation, med över 32.000 medlemmar i mer än 160 lokalföreningar fördelade över hela landet. Vad många inte vet är att omkring 20 % av dessa, alltså var femte medlem, bor och odlar i Norrland i zonerna 5-8. Det är en viktig uppgift för mig som skribent i Hemträdgården att spegla denna odlings-verklighet och bidra med användbar och matnyttig kunskap för alla dessa odlare, och att göra det på ett sätt som är roligt och attraktivt att läsa även för den som inte har förmånen att odla i en fjällträdgård!

Krönikorna har varje år haft ett övergripande tema, en grön tråd som var och en av årets sex krönikor sedan spunnit vidare på. *Trädgård i norrsken & midnattssol* löd temat för första året, under vilken bland annat den maximalistiska trädgårdskonsten, bristen på samiska trädgårdar och stjärnskotten i träd-gårdslandslaget presenterades.

Den följdes av *Bland hitterosor & blomsterlottor* som handlade om den spännande detektivjakten på gamla kulturarvsväxter och de makalösa hitteblomster som räddades.

Att trädgård handlar om livsviktiga processer på många olika plan speglades under de två följande åren i rubrikerna *Odla hopp!* samt *Gräv för livet!*, där jag berättade om allt från hur man odlar lyckopiller och konserverar hopp på flaska till potatisekonomi i kris-tider och turbogardening.

De därpå följande årscyklerna döptes till *En horti-kulturell bildningsresa*, och har handlat om växtanti-patier och hatväxter, om hur en omvärdering kan vara möjlig, och hur man därav kan fostra sin trädgårdssjäl och bli en bättre odlarmänniska på kuppen.

Under samlingsrubriken *Mitt liv som trädgårds-ambassadör* berättade jag bland annat om när jag av-slöjades som Mästare, hur jag indoktrinerat odlarkids och satsar på att bli trädgårdshelgon efter min död. Men också om det smärtsamma dråpet av den kultur-botaniska trädgård jag designat och byggt upp. Det Kulturbotan som jag så ofta nämnt i mina krönikor - tidigare med glädje, nu med stor sorg.

De senaste krönikorna, som publicerades 2016, grupperade sig kring överskriften *Inte utan att kulti-vera det goda livet*. Här samlade jag tankar kring för mig omistliga ingredienser i odlarlivet som sekatör-samlingen, pocketfjället, mandelpären och rosorna.

Glädjande nog har krönikorna rönt stor uppskatt-ning bland Hemträdgårdens läsare och hör till det mest lästa och populära i tidningen. Det känns därför extra roligt att nu kunna ge ut dem i en samling och göra den tillgänglig för många fler läsare.

Den första delen i denna bok har tidigare varit utgiven som e-bok och funnits tillgänglig via digitala kanaler. Inför denna upplaga har materialet utökats betydligt med ytterligare tre årgångar krönikor i del två, samt genomgått en lätt bearbetning.

I del tre ingår en saga och några bonuskrönikor. Flera av dem har publicerats i Rotposten, som är en medlemstidning för Lappmarkens trädgårdssällskap där jag är och har varit redaktör sedan starten 2001.

Ja, kanske var det faktiskt Rotpostkrönikan med liknelsen mellan trädgård och fotboll (här ligger den som kapitel 51) som utgjorde den konkreta anledningen till krönikorna i Hemträdgården, eftersom det var just det numret av Rotposten delades ut till alla deltagare på det där sommarmötet i lappmarken när jag fick frågan från redaktören...

Det är tack vare Hemträdgårdens redaktörer Karin Görling och Christina Säll samt formgivarna Marianne Widner och Lasse Mellquist som mina krönikor har blivit publicerade och givits en vacker form och layout. Tack till dem.

Men framförallt uppstår krönikorna i nära samarbete med min livs- och arbetskamrat Reginald Scholz, som inte bara bidrar med de vackra foton som så snyggt ackompanjerar texten i krönikan, utan också läser mina utkast och ser till att jag verkligen håller fast vid den gröna ranka som jag rullat ut som årets tema och inte låter min entusiasm skena iväg alltför mycket och plötsligt börjar verbalplantera något helt annat. Att han dessutom får stå ut med att förekomma i inte alltid så smickrande ordalag i krönikorna som min besserwissrande husman är en roll som han bär med jämnmod...

Själv ser jag fram emot ännu många år framöver som Hemträdgårdens krönikör, och hoppas att ni ska ha nytta och nöje av såväl de som nu finns i den här boken som de kommande i tidningen.

Vem vet, om några år kanske det är dags för en ny uppdaterad krönikesamling i bokformat? Det närmar sig ju tioårsjubileum...

Del I

Inte bara trädgård

Trädgård
i norrsken & midnattssol

1. I min Vinterträdgård

Mitt i vintern tänker jag bjuda in trädgårds-vännerna till min vinterträdgård. Med muggar ångande av varm lingonglögg mellan tumvantarna ska vi beundra det hisnande norrskenet på himlen. På ett led ska vi trampa fram längs vintervägen som min husman dragit upp med kälken, genom köksträdgården för att fascineras av de makabra siluetterna som bildats av de upphöjda odlingsbäddarna - det ser ut som draperade kistor uppställda på rad! Den kyliga luften nyper rosor på kinderna och gör blickarna klara som fjällbäckar. Tur att vi är rejält påpälsade för att vistas i min Vinterträdgård!

Vid det här laget har ni nog börjat förstå att en vinterträdgård i Lappland är något helt annat än en varmbonad glasveranda. Kanske måste man vara "fusklapp" som jag för att anse att trädgårdar i Lappland är lika exotiska som Madeiras, men jag tror faktiskt att en sådan vinterträdgård som här, dess like hittar man ingen annanstans.

Trädgårdslivet i Lappland antar en ny dimension på vintern, och trädgården förvandlas till en helt annan än den jag har under sommarhalvåret. En mera tystlåten och sparsmakad sådan, som samtidigt ger utrymme för reflexion och nya trädgårdsdrömmar. Tänk så fattigt och enformigt trädgårdslivet skulle vara om man inte fick ställa undan spaden på hösten!

För alla lata trädgårdsägare är Lappland ett paradis. Utan att man behöver göra ett enda handtag paketeras växterna in i ett fluffigt, bländande vitt flingtäcke som skyddar växterna. Vem vill inte hellre

15

njuta av gnistrande vit och gratis ljusterapi, än grå-ruggig regnvinter med barfrost och isbark? Och det är ju den välsignade kylan som bevarar oss från mördarsniglar...

Eftersom vintern är en lång tid i våra lappländska trädgårdsliv gäller det att hitta växter som skapar blickfång i allt det vita. Särskilt vid infarten, där vi upplever växterna på nära håll varje dag. Näverhäggen med sin honungsfärgade stam. Min favorit daggrosen, *Rosa glauca*, med plommonlila grenar. Den super-härdiga korallkornellen med lysande karmosinröda grenar mot den kritvita snön. Prydnadsgräs som tuv-röret 'Karl Foerster' med frost i vipporna.

Tuffa träd med stark form, som den bulliga bollpilen och den utropsteckenlika pelaraspen gör sig extra bra på vintern. Blågranen *Picea pungens* 'Glauca' liksom den långbarriga cembratallen blir en välbehövlig kontrast mot vanliga granar och tallar. Däremot är det ingen som behöver vintergröna mark-täckare i Lappland. Vintergrönt under 1,5 meter göre sig icke besvär här!

Snön påverkar i högsta grad utformningen av en lappländsk trädgård. Med ett stabilt snötäcke på en meter eller mer från november till april, är det ingen oviktig fråga hur traktorn ska ta sig fram över gården eller var snön ska läggas upp. Bredden på infarten måste vara tillräcklig, och vedartade buskar kan inte placeras under snöras. Helst ska trädgården dessutom innehålla en tydligt markerad skoterled för att undvika överkörda unga träd som dolts av snö. Den höga död-ligheten när det gäller nyplanterade äppelträd kan bero på just detta.

Men snön är också ett element som framhäver strukturer och former. När blommor och färger försvinner blir trädgården förvandlad till enkla, grafiskt minimalistiska pennstreck av nakna grenar. Stillsamt, vilsamt – men måste för den skull inte vara tråkigt och enformigt.

Vertikala accenter i form av klätterställningar, upphöjda bäddar, flätstaket och vedstapelhäckar skapar upplevelse av rum och rymd i en annars platt, vit matta. Tillsammans med spretiga kvarlämnade fröställningar blir de en påminnelse om att där under duntäcket slumrar den yppiga sommarträdgården, som samlar ny kraft för att i början av maj förvandla den återhållsamma vinterträdgården till en ohämmad explosion av färg och växtkraft.

Så varför längta till Medelhavet när man kan få en trädgård med två ansikten, och just nu njuta av en alldeles magisk vinterträdgård i Lappland?

17

2. Ett fjäll i trädgården

Kommer ni i håg filmen *Ett rum med utsikt*, när Lucy och Charlotte besöker Florens och vill ha ett rum med utsikt över staden? Att drömma om en vacker utsikt är de inte precis ensamma om. Det gör även trädgårdar! Listan över favoritutsikter toppas av glittrande vatten i form av hav, sjö eller älv. För en del kanske Turning Torso eller något annat som vittnar om civilisation och storstadens puls rankas högre. Men jag vet något mycket djärvare – ett blommande Eden bland snöklädda fjäll! Exklusivare utsikt finns helt enkelt inte.

Min egen trädgård kan ståta med mycket, dock icke fjällutsikt. Men i somras besökte jag en makalös trädgård i Ammarnäs som var omgiven av mäktiga fjäll. Inte nog med det, man kunde dessutom se ut över det enastående vackra deltalandskap som bildas av mötet mellan Vindelälven och Tjulån. På naturängarna betade korna. I denna pastorala idyll bjöds man på en sådan sanslös blomsterprakt att ingen kan föreställa sig något sådant vid zonkartans yttersta gräns.

I den asiatiska trädgårdskonsten är man fena på att utnyttja blickfång och att hämta in vyer som gör trädgården större. Ett storslaget landskap kan man dessutom låna alldeles gratis! Denna trädgårds ägarinna har praktiserat samma konst på ett eget lappländskt sätt.

Trädgården är byggd som en U-formad scen. Själv sitter vår vän förstås på första parkett på verandan i sällskap med en gigantisk vit kaktusdahlia i

18

kruka, och tillsammans iakttar de aktörernas entréer i pjäsen. Huvudrollen spelar den blå bergvallmon som stolt fladdrar in med sin turkosfärgade kjol, väl medveten om att henne kan ingen undgå att lägga märke till. En rosa och en orange jättevallmo agerar Askungens avundsjuka systrar och gör sitt bästa för att konkurrera ut vallmokusinen - utan framgång.

Andra spelar försynt sin biroll, och utan dem skulle primadonnorna inte ha en chans att glänsa. Den söta stjärnflockan spelar kammarjungfru med bravur. Men det finns fler statister som virvlar in på scenen och fångar åskådarnas intresse. Lila jätteaklejor med vita kronor vänder ansiktet mot midnattssolen, medan pionerna nickar under sina tunga huvuden och krolliljorna pinglar med sina turbaner.

Tempot skruvas upp och in träder lupiner, riddarsporrar, vresrosor, dagliljor, mera vallmo, fler liljor – och bakom den färgsprakande baletten står det tysta, starka fjället med sin snöhätta och fixerar den ystra ensemblen med outgrundlig min. En kal, grå flintis som betraktar de lättsinniga skolflickorna, barbenta i klatschiga kjolar.

Tala om effektfull kuliss! Vilken scenograf kan iscensätta ett skådespel mera dramatiskt än så här? Hela föreställningen är i själva verket en osannolik paradox, där det stabila fjället står som en evighetssymbol gentemot de förgängliga blomstren, där den iskalla snön åstadkommer en maximal kontrast mot den spirande grönskan, och där fjällets karghet har sin motsats i det prunkande paradiset. För att uppleva en liknande exotisk hägring måste man nog besöka en oas i öknen!

Men det finns fler odlingsmirakel i Ammarnäs: Potatisbacken. Där Tyskland har sina vinsluttningar och Italien sina olivlundar har Lappland sin potatisbacke! När Ammarnäsborna av en slump upptäckte att enda stället att odla potatis på var på moränkullens sydsida, utnyttjade de helt enkelt samma metod som tyska vinbönder. Drivkraften att utnyttja förutsättningarna till sin fördel för odling möter man överallt. Idag kan man faktiskt hyra en odlingslott på Potatisbacken, och min husman umgås allvarligt med tanken att få med sig några grabbar och satsa på odling av äkta fjällpotatis!

Så du som ännu bara har utnyttjat fjällstugan till skidåkning på vintern: inse vilken dold välsignelse som gömmer sig där under snön och vilken oslipad diamant du har till ditt förfogande. Anlägg genast en blommande trädgård med fjällutsikt, och du har ett exceptionellt paradis att njuta av även sommartid. Satsa på *extreme gardening* du också!

3. Stjärnskott i trädgårdslandslaget

I natt drömde jag att jag hade blivit utsedd till coach för det lappländska trädgårdslandslaget, och vi var kvalificerade till slutspel i *Gardeners' League*. Nu gällde det att hitta de värdefullaste spelarna, svetsa samman laget och fokusera på våra starka sidor. Bergenia och Gullstav anmälde sig som väntat frivilligt, men nog skulle jag väl kunna hitta fler tuffa talanger med andra kvaliteter?

Det visade sig vara enklare än jag hade trott. Och vilken tur att det är mixade lag i *Gardening*! Jag kunde välja och vraka bland ett närmast obegränsat antal perenner. Bland rosorna hade jag hela 150 olika som lämpade sig för spel i våra zoner, enda kravet var att skaffa rotäkta exemplar för bästa resultatutveckling.

Bland träden såg utbudet lite magrare ut, men talangscouten "Rhoddis" Lapponicum dök upp med ett nyförvärv som jag tror starkt på: Mandelpil. Med sina sirligt svepande rörelser och tjusigt flagnande bark skulle han definitivt vara en resursförstärkning inom det vedartade segmentet. Verkligen konstigt att ingen ännu har lanserat den som exklusiv trädgårdsväxt.

Nåväl, till sist hade jag ändå lyckats gallra fram flera etablerade storspelare, kompletterade med några spirande löften, och formera denna laguppställning:

På topp: Tibast. Alltid snabb från start, lysande lila, väldoftande och ständigt giftig framför mål. Bred-

21

vid honom: Rödkvanne. En bollsäker och offensiv vitamininjektion, en solitär som har samisk släkt. En Zlatantyp!

Som center: Löjtnantshjärta. Hans gamla klubb tyckte att han bara försvann efter första vårperioden, men här trivs han jättebra och spelar faktiskt om det blir höstförlängning också. Vårt starkaste kort på den positionen brukar vara Mandelpotatis, men han gillar inte att förflytta sig nedanför Dalälven, så han får sitta på läktaren på bortamatcherna. Synd, för han serverar läckra mål!

På ytterkanterna: Fjällsippa och Fjällvallmo. Båda ser klena ut, men är extremt uthålliga och vana vid att balansera på branta kanter. Riktiga klippor, faktiskt. Mittfältet domineras av Ullvide och Örträskros. Lagkapten Ullvide har med sin gråludna framtoning och knotiga växtsätt en förmåga att lugna ner ett hetsigt spel, medan Örträskrosen alltid är taggad till tusen.

I försvaret gäller det att ha stabila stöttepelare som tål en närkamp. Resliga bjässar som Stormhatt och Riddarsporre är självskriva. Blodbjörken och den finflikiga Gråalen ger med sina purpurfärgade och silvergråa blad laget en elegant framtoning. Och med en målvakt som Slingerstormhatten kan man känna sig trygg. Som en lian kastar han sig mellan stolparna och täcker upp hela nätet.

Jag kände mig riktigt nöjd med min välkomponerade starttolva. Och med sådana lirare på avbytarbänken som kantspelarna Nätvide och Fjälldaggkåpa, försvararna Näverhägg och Bollpil, och de båda bollvirtuoserna Smörboll och Krollilja som anfallare, var läget lugnt även inför plötsliga skador under pågående match. Vi kan dessutom alltid räkna med stöd från våra trogna supportrar i Green Army, som finns på plats i sina gröna jackor och med plakat där det står "Hä ba å gräv".

Förhandsfavoriter som franska Versailles må förlita sig på sina formklippta buxbomhäckar. Vi har våra vilda extremplantor och går in med rätt vinnarattityd. De ska inte sälja plantan förrän fröet har grott, som jag brukar säga, och vi ska minsann visa dem var grepen ska stå! Jag skulle förresten inte bli ett dugg förvånad om Umeå IK snart knackar på och vill värva Kvanne som ersättare för Marta...

4. Den maximalistiska trädgårdskonsten

Norrlänningar beskrivs generellt alltid som tystlåtna och tillbakadragna, med Ingemar Stenmark som typisk stilikon. En sak är säker, de lappländska trädgårdarna vittnar om rakt motsatta karaktärsdrag! I stället för att vara en stillsam tillflyktsort för blyga eremiter avslöjar de snarare en exhibitionistisk läggning...

Där skånska och engelska trädgårdar döljer sin prakt bakom häckar, murar och plank, blottar den lappländska trädgården ohämmat sina yppiga behag för alla som vill titta. Den ligger fullt exponerad för insyn, utan minsta skylande buskage. Genom sin öppenhet signalerar den högljutt: Titta, här bor det någon, här håller vi skogen och vildmarken stången.

På kuppen blir även den egna nyfikenheten tillfredsställd när man kan se vilken bil som passerar just den här dagen!

Visserligen gillar de flesta lappländska trädgårdsägare en stil som harmonierar med naturen, men man kan inte undgå att också upptäcka ett tuktat och formellt drag i utformningen. Det är nödvändigt att tydligt markera skillnaden mellan odlad mark och vildmark. Ett radikalt sätt att demonstrera sin makt är att formklippa björkar! Ren hädelse, enligt alla trädgårdssnobbar. Men söderut finns det buxbom att ge sig på om man har härskarambitioner i trädgården, här får man ta det som erbjuds - vilket blir björk, även om den inte alls lämpar sig för formklippning utan ser ut som om den råkat ut för en våldtäkt...

När man är omgiven av ett storslaget landskap, som präglas av minimalistisk enkelhet och domineras av sparsmakad växtlighet i en återhållsam färgskala, är det självklart att trädgårdarna blir dess motpol. Längtan efter chockrosa och knallgult är förstås mycket större än hos trädgårdsägare i storstadsmiljö, och de lappländska trädgårdarna bjuder därför på dramatiska färgexplosioner.

De prunkande rabatterna blossar i alla nyanser, lika klatschiga som den samiska kolten, och utgör en maximal kontrast till den karga omgivningen. Lägg därtill ett skamlöst frossande i kulörstarka sommarblommor, som genom pysslet med förkultivering förmår försätta odlaren i ett saligt tillstånd av mental vår långt innan snödrivorna tinat bort, och du har en trädgård för maximalister!

Här finns nämligen ingenting av pryd återhållsamhet. I midnattssolens sken växer allt som besatt. Allting blir högre, får intensivare färg, mer vitaminer och smak. Trädgårdssäsongen i Lappland hinner aldrig med några andningspauser, den påminner mera om ett sprinterlopp än maraton!

I Lappland är trädgårdskonsten frikostig, generös, levnadsglad och allt annat än lagom. Vem kan undgå att förföras av en sådan avväpnande naiv charm? Visst finns det trendputtar och smakpoliser som dömer ut denna överväldigande orgie med sitt ekivoka beteende som vulgär och kitschig. Men varför ska trädgårdar stöpas i samma utslätade designform överallt?

Precis som vi hyllar den regionala matkulturens variation i form av pitepalt och öländska kroppkakor, borde vi lyfta fram den regionala trädgårdskulturen med sina skilda karaktärer och olikheter. Ingen anser att kinesisk trädgårdskonst är sämre än fransk barock, den har bara andra kvaliteter och förtjänar att uppskattas och bedömas utifrån dessa.

På samma sätt borde vi värdesätta att svenska trädgårdar utformas olika beroende på omgivning och förutsättningar, och att de hämtar inspiration i lokal miljö och tradition så att de blir något eget och unikt i stället för dåliga kopior. På köpet kanske man avlivar en och annan fördom, som myten om den introverte norrlänningen.

5. Trädgård på samiska

Länge undrade jag över varför det saknas ett samiskt kulturellt inflytande på trädgårdarna i Lappland, varför den lappländska urbefolkningen inte har satt några synliga spår inom detta område. Men förklaringen är lika enkel som självklar. Att anlägga en trädgård är inte precis det första man tänker på om man lever ett kringflackande liv och ständigt är på resande fot, och det gäller oavsett om förflyttningarna sker per ackja eller husvagn.

Som renskötande nomader har många samer flyttat med sina renar och bara tagit tillvara det som naturen gett till mat och medicin. För de samer som slog sig ned och blev bofasta gällde det precis som för alla nybyggare primärt att ta upp kampen mot vildmarken, att röja bort skogen och odla det som var ätbart. Odling för skönhet var det inte tal om. Potatis, korn och rovor var det som odlades.

Mot denna bakgrund är det lätt att förstå varför samernas livsstil inte direkt inbjudit till trädgårdsskapande. Samma förhållande märks för övrigt också bland indianerna i Nordamerika, vilka inte heller lämnat tydliga avtryck i trädgårdshistorien.

Men just nu, när vi anlägger Lapplands Kulturbotaniska Trädgård på samernas gamla marknadsplats i Lycksele, faller det sig självklart att söka inspiration från den omgivande samiska kulturen och att försöka översätta den till trädgårdsspråk. En spännande uppgift, för det blir en fri tolkning i ett nytt material. Där slöjdaren använder renhorn, rötter och skinn för sina

27

alster, ska vi i stället använda växter, former och tekniker som hämtas från samisk tradition. Tenntråds-broderi förvandlas till flätade blomsterslingor. Tre-kantsmönstren som ristas på hornknivar blir till mönsterrapporter i rabatter. Kåtan förnyas och blir ett grönskande växthus, och trädgårdsredskap utformas som alltid i den samiska traditionen för att vara enkla, funktionella och utsökta i form.

Eftersom trädgården ska innehålla en genbank för gamla kulturväxter är ambitionen att presentera dessa på ett helt nytt sätt och att kombinera nybyggar-kulturen med den samiska. Längtan efter det färg-starka som kontrast till det sparsmakade landskapet har alla lapplänningar gemensamt, och samernas rytmiska indelning i åtta årstider påminner oss om att göra en trädgård också för vinterupplevelser.

Det är emellertid lätt att fastna vid den yttre formen som är enkel att överföra. Betydligt svårare är det att översätta samernas inre förhållande till växter och odling. I den samiska kulturen har det mesta en djupare mening. Man kan sjunga en sång om en fågel - men en same jojkar en fågel, jojken *är* en fågel.

Samernas relation till naturen är tänjbar, med flytande gränser mellan vilt och tamt. Precis som renen varken är ett tamboskap eller ett vilt djur utan båda på en gång, så rör sig samernas nyttjande av växter i gränslandet mellan vilda växter och odling. Man har till exempel skördat ängsyra på vallar där renarna betat och samtidigt också gödslat, vilket där-med kan definieras som en form av kultiverad odling.

En samisk trädgård måste därför röra sig lika obe-hindrat som en ren mellan natur och kultur, och förena strama, geometriska mönster med vilda, otämjda växter. Kvanne, torta och rosenrot lyfts in från fjällvärldens vildmark till att bli eleganta solitärer i trädgården.

Kanske är det sånt här som kallas integration? Kanske blir denna trädgård till en mötesplats där gamla fördomar och stridigheter mellan samer och nybyggare försvinner, eftersom den är helt ny, jungfrulig mark som vi alla beträder. I så fall är denna trädgård verkligen ett paradis. Trädgård heter på sydsamiska *Såafoe* som betyder "frodigt ställe". Precis ett sådant skapar vi i Lycksele.

6. Trädgårdsparlör önskas, tack

Härligt – ett nytt färskt nummer av din favo-ritträdgårdstidning i brevlådan!Föreställ dig nu en snabb titt på innehållet: Först kommer artikeln om *Bästa palmerna för den lilla trädgården* följt av *Ananas – så lyckas du med odlingen.* Månadens växt är den lättodlade kaprisbusken. I rådgivningsspalten får signaturen *Träd för våren?* tipset att plantera ett judasträd, som blommar vackert i februari. Under rubriken *Att göra i April* läser du att det är hög tid att sätta potatis, och till sist bjuder kalendariet in till sparrisfestivaler på första maj.

Jag tror att du slår ihop tidningen med en lätt känsla av besvikelse, eftersom ingenting av detta är användbart för dig och din trädgård. Men precis så här är det för trädgårdsodlare i Mora, Bollnäs, Östersund, Lycksele och Haparanda att läsa svensk trädgårds-litteratur. Det är nämligen precis som om Stockholms-odlare skulle vara hänvisade till italienska trädgårds-tidningar.

De flesta trädgårdsskribenter verkar inte ha en aning om att det finns en stor skara människor i vårt land som bedriver odling i zon 5 och uppåt. Faktiskt utgör dessa 20% av Riksförbundet Svensk Trädgårds medlemmar – var femte medlem! Mer än halva Sverige har dessa klimatförhållanden.

Det märks sannerligen inte. Men inte heller deras uppdragsgivare verkar ha förstått att det också här finns en kundkrets som längtar efter trädgårdstips. Förlagen nobbar böcker om odling i norr och träd-gårds-TV ska vi bara inte tala om.

Det finns undantag, som Ann-Christin och Dan Rosenholms bok om trädgårdsdesign, där information för odlare i Sveg och Vuollerim förekommer på ett naturligt integrerat sätt i den övriga texten och inte bara avfärdas på två separata sidor. Och prisad vare den artikelserie i vilken den som vill ha en känsla av Medelhav även i Malung och Åsele får rådet att välja silverpil eller lappvide som tuktas för att få den rätta knotigheten.

Men de goda exemplen är sällsynta. Och om norrländsk trädgård kommer på tal ges det ofta en deprimerande rubrik av typen "kärva lägen" eller "bistert klimat". Av den anledningen har jag valt en mycket mera optimistisk övergripande rubrik för årets krönikor: Trädgård i norrsken och midnattssol!

Många gånger har jag önskat mig en trädgårds-parlör, som direkt kunde översätta oanvändbara odlingsråd från Skåne till applicerbara lappländska dito. Vad det skulle underlätta att slippa det mödosamma tolkandet till trädgårdslappländska på egen hand, och att bara kunna använda kloka tips rakt av!

Tänk om trädgårdsdesignern som föreslår trend-trädet klotrobinia för dess elegant formade krona samtidigt gav klotlönn till zon 5 och bollpil till zon 8 som alternativ. Tänk om grönsaksgurun som berättar om spenat också påpekade att man i Jokkmokk bör välja mangold i stället, eftersom spenat direkt går i blom på grund av midnattssolen. Och tänk om boken om konsten att skapa gröna rum också skulle hjälpa den som vill skapa rumslighet i form av klippta häckar även i Tärnaby, genom att ge rådet att välja Brekka-vide, måbär eller spirea i stället för buxbom och liguster. Är detta en utopi?

31

Det finns dessvärre ett råd som inte går att över-sätta: "välj alltid buskar och träd som är en eller två zoner härdigare än din zon". *Hur* gör man då om man redan bor i zon 7?! Till och med i Umeå och Luleå blir det problem att följa detta råd, eftersom utbudet av tänkbara växter blir så ytterst begränsat. Dessa rådgivare verkar inte ha en enda tanke på att tipset är helt oanvändbart för stora delar av landet. Ännu värre, det känns som ett hån mot oss tydligen obefintliga odlare i övre halvan av Sverige.

Nu är det dags att önska sig julklappsböcker och formulera förhoppningar för det kommande året. Jag vet precis vad jag önskar mig: att 2010 blir året när Trädgårds-Sverige upptäcker att det finns trädgårdar norr om Dalälven, att Sverige kan grönska ända upp till Riksgränsen om vi bara använder de lokala förutsättningarna till vår fördel, och att alla midnatts-solsodlare kliver fram och kräver sin rätt till bättre kunskap och tuffare växter. En god snövit jul och ett grönskande nytt år önskar jag er alla!

Bland hitterosor & blomsterlottor

7. Rosdetektiver gör fynd

Om Miss Marple hade levt idag, så undrar jag om hon inte hade älskat tanken på att vara detektiv för rosgåtor i stället för mord. Tänk om hon hade kunnat lösa mysteriet med hur den spröda kinesiska terosen egentligen hamnade hos Anna Sofia Vestman i den lappländska vildmarken på 1930-talet, istället för att fundera på hur det kom sig att hushållerskan mördade sin arbetsgivare. Vi som just nu letar land och rike runt efter gamla svenska kulturrosor hade mer än gärna haft denna skarpsynta roslady till vår hjälp!

Sedan flera år pågår nationella upprop i syfte att spåra upp gamla kulturväxter och bevara denna grönskande skatt åt eftervärlden. Över många gamla växter vilar idag ett latent mordhot, och största risken för en gammal trädgård är faktiskt en ny, energisk ägare som på bästa Rambomanér, beväpnad med motorsåg, brutalt giljotinerar varenda stort träd på tomten.

Men nu finns det alltså hopp för gamlingarna! Genom Programmet för Odlad Mångfald, POM, dammsugs landet på jakt efter växtrariteter. Försvunna sorter återupptäcks, nya unika växter hittas, och fram träder rörande historier om odlarmänniskor som ömt vårdat sitt gröna arvegods i generationer. Till rosornas Antikrunda vallfärdar människor med en kvist av sin ros för att berätta dess historia och kanske få ett namn på sin ros.

Mest spännande är förstås de som inte direkt kan identifieras som kända sorter. De kan då förvänta sig ett hembesök av en rosinventerare, som likt en detektiv rycker ut med lupp och linjal i högsta hugg för att beskriva rosen in i minsta tagg.

I bästa Sherlock-stil (dock helst utan öronlappsmössa och pipa) kryper vi runt i rosensnåren, redo att notera varenda misstänkt karaktär i protokollet. Inga nypon – hmm, intressant. Glandler på blomskaften som doftar Zingo – högst kuriöst. Växt på platsen sedan 1912 – avgjort, den måste räddas!

Av de mest intressanta fynden samlas bevismaterial i form av rotskott eller sticklingar in för vidare undersökningar. DNA-teknik är inte bara till hjälp i brottsutredningar, utan också ett verktyg för att bena ut rosornas snåriga släktskap. Plötsligt visar det sig att rosen Anna inte alls är nära släkt med rosen Beda som man alltid har trott. Mysteriet tätnar – var papparosen alltså otrogen med någon annan? Som rosdeckare anar man nya skumma motiv bakom varje förtjusande blomma.

En observant blick för små ledtrådar ägde Irma Öhrman i Örträsk. Hon upptäckte att rosen i Viktor Örtelius trädgård inte alls var någon vanlig vresros, räddade den undan vägbygget och gav sedan bort rotskott till alla i trakten. På så sätt kom den unika Örträskrosen att spridas lokalt i Lyckseletrakten. Och eftersom det är en härdig, frisk, anspråkslös och lättodlad ros som dessutom blommar kontinuerligt, doftar och har goda nypon kvalificerar den sig självklart som en utmärkt kandidat för Lapplands landskapsros!

Att dela med sig av rotskott är fortfarande det bästa sättet att sprida dessa klenoder vidare. I det lappländska klimatet är rotäkta rosor dessutom en förutsättning för att rosen överhuvudtaget ska överleva en längre tid.

Genom att spridas från gård till gård blir rosorna gåvor som bär på minnen av människor, platser och händelser. Dottern i huset fick med sig ett rotskott av mormors ros när hon gifte sig och flyttade. Och hon gav den i sin tur vidare i arv.

Som rosinventerare är det sålunda en fördel att vara bevandrad i släktforskning också, utöver vana vid polisarbete och stort A i botanik. För den kriminalkommissarie som längtar efter ett lugnare arbetsfält finns det alltså här en lämplig reträttsysselsättning... Byt bara SÄPO mot RosPo!

Förresten var det just en ros som till sist löste mordgåtan i Agatha Christies bok Samvetskval. Men då var det faktiskt inte trädgårdsladyn Miss Marple utan kollegan Hercule Poirot som genom rosens taggade vittnesmål fann den rätta mördaren. Så vi kunde nog ha haft nytta av honom också i rosefterforskningarna.

37

8. Nakna hus får trädgård

Precis som de flesta andra städer har Lycksele ett hembygdsområde. På Öhn, eller Gammplatsen som den kallas numera, har samer, nybyggare, prästerskap och myndighetspersoner haft sin mötesplats sedan mer än 400 år. Här har man samlat föremål och byggnader från trakten för att berätta historien om livet i Lappland förr i tiden.

Det märkliga är att ingen verkar ha upptäckt att husen stod där alldeles nakna – att de saknade en trädgård! Men nu ska de vackra gårdarna äntligen få en grönskande klädedräkt, när Lapplands Kulturbotaniska Trädgård tar form på Gammplatsen.

Det är kanske ändå inte så konstigt att man har glömt växterna. Den lappländska odlingshistorien är inte som många tror obefintlig utan bara okänd, men tack vare det pågående sökandet efter gamla kulturväxter genom POM, Programmet för Odlad Mångfald, stiger nu odlarhjältar och supertuffa växter fram ur mörkret, och visar att det visst har odlats även i de kärvaste lägen.

Som POM-inventerare snubblar man över häpnadsväckande historier överallt. I Karlsgård utanför Lycksele står ett över nittio (!) år gammalt äppelträd, lite trött lutande mot en grå timmerstuga. Hedvig som bodde här hade 1918 frösått det ur en äppelkärna. Historien om det märkvärdiga äpplet kom i tidningen och Hedvig fick medalj. Ett år skördades över hundra liter välsmakande äpplen, och även om skörden var mindre i år, så räckte det till ett utsökt gott äppelmos.

Tack vare svärdottern Inga Irdalen uppmärksammades trädet, och nu har ympris skickats in till POM för att säkerställa bevarandet av det unika Karlsgårdsäpplet i den genbank för gamla kulturväxter som växer fram på Gammplatsen. Där får det och många andra växtskatter ett hem, tillsammans med några av "morgondagens växtklassiker".

Men någon regelrätt rekonstruktion av en typisk gammal trädgård är det inte tal om. Nej, i "Kulturbotan" ska visserligen gamla välkända växter visas upp, men de arrangeras på ett nytt och fräscht sätt som hämtat inspiration från både nybyggarkultur och samisk hantverkstradition.

Gamla flottningsbommar återuppstår sålunda till ett nytt om än inte evigt liv, som ram för upphöjda rabatter i samma åttkantiga form som logen. Ljuva mormorsväxter placeras i ett stramt samiskt trekantsmönster, och rosenrabatten har en samisk månform. Och på Karlbergsgården förvandlas innerplanen och antar skepnad av en sydsamisk trumma.

Det är många människor som får ett nära och personligt förhållande till Kulturbotan, eftersom trädgården till största delen består av växter som har donerats hit. Över sexhundra plantor har folk från trakten bidragit med. Utan deras medverkan hade vi inte haft några äkta kulturväxter att plantera, för det är inte precis växter man hittar i plantskolan.

De har kommit med kassar, krukor och säckar fyllda av växter. Vi har fått komma hem till dem för att gräva och hämta. Några tyckte att det var skönt att bli av med ogräset. Andra överlämnade en smula ängsligt en släktklenod i våra händer.

39

En av alla dem som skänkt ärvda gröna antikviteter är Greta Stenvall från Pauträsk. Hon kom förbi med stora plantor av bergenia och rabarber. Men inte bara det. Tillsammans med dem följde en kopia av kvittot som svärfar hade bevarat sedan köpet 1936! Fyra plantor bergenia kostade då en krona och femtio öre. Fast Kulturbotan får sina plantor gratis...

Här ska man inte bara kunna se liveversionen av Karlsgårdsäpplet och Gretas bergenia, utan på sikt även köpa med sig ett eget exemplar och på så sätt odla ett levande kulturarv i sin egen trädgård. Och jag är helt säker på att Inga, Greta och alla andra donatorer kommer att se till sina ättlingar på Kulturbotan ibland.

Gammplatsen har alltid varit en mötesplats. Nu blir den också en hortikulturell dito. Lördagen den 7 augusti 2010 blir det invigning av Lapplands Kulturbotaniska Trädgård med Gunnel Carlson, landshövding Chris Heister och alla oss andra. Vid den paraden ska sannerligen inget litet barn utbrista: "Men han har ju inga kläder på sig!". Nej, för då ska de nakna husen ha blivit rejält påklädda med trädgård!

Läs om hur det slutade med Kulturbotan i kapitel 40: Att dräpa en trädgård

9. Trädgårdsforum - liveversionen

Det kan inte förnekas att den virtuella versionen av trädgård har många goda sidor. Det som förr var ett helt företag, som att beställa växter från utlandet, är nu bara några knapptryckningar bort. Plötsligt är ett enormt sortiment tillgängligt också för oss som bor långt från närmaste plantskola.

Okända växter får snabbt ett utseende om man bildgooglar, och lika enkelt hittar man odlingsinformation om de mest udda växter. Inte bara det. Via nätet får man kontakt med andra lika tokiga trädgårdsmänniskor. På forumen träffas man för att diskutera, tipsa och fråga. Att vara digital trädgårdsvän har alltså sina fördelar.

Och ändå. För min del finns det ingenting som slår trädgårdsföreningen som mötesplats! Att det är fler som håller med om detta visar sig i att Riksförbundet Svensk Trädgård stadigt ökar i såväl medlemsantal som i antal föreningar. Och detta medan andra folkrörelser går kräftgång och trots att föreningsformen dödsdömts av alla förståsigpåare. Hos oss finns däremot en påtaglig och vital växtkraft!

I det sökande efter gamla kulturväxter som nu pågår genom POM, Programmet för Odlad Mångfald, blir trädgårdssällskapens betydelse som spridare av kunskap och växter tydlig. Ett exempel är Örträsk Trädgårdssällskap som redan 1932 gjorde en gruppresa till Norge. Hem följde en "kinesisk gulros" som planterades vid flera gårdar, och precis som den rosa Örträskrosen spreds den vidare med rotskott till andra i byn.

Att byta och dela med sig var länge det enda sättet att få del av intressanta växter, och trädgårdssällskapen är och har varit en drivande kraft i detta utbyte. Och det är genom dem som de gamla kulturväxterna fortfarande förmedlas, för dessa hittar du inte i något gardencenter.

Visserligen kan man få allmän trädgårdskunskap ur böcker och på nätet, men det är genom trädgårdssällskapet du lägger till den lokala kunskapen om odling och växtval som är så oerhört viktig för ett lyckat resultat. Trädgårdssällskapet är också ett drivhus för kreativa idéer och inspiration, här förenas man kring ett positivt laddat ämne.

Om jag jämför med min erfarenhet från många års arbete i handikapprörelsen så har man där en gemensam nämnare som är negativ, eftersom det som förenar är ett handikapp och de problem som det ger upphov till som står i fokus. Trädgård däremot är nästan alltid förknippat med glädje. Ja, förutom när skadedjur trakasserar växterna, älsklingsrosen dog under vintern och den inköpta och länge efterlängtade dahliasorten visar sig blomma gult i stället för rosa...

Trädgård är ju i sig själv något väldigt handfast, praktiskt och fysiskt påtagligt. Det är rosendoft och hallonsmak, ögonfägnad och gräsrassel, man får jord under naglarna och ryggen värker. Då är det också självklart att vi som sysslar med trädgård behöver den direkta närvaron av och kontakten med andra trädgårdsälskare. I dessa möten smittas man obönhörligt av andras odlarpassion och engagemang, som när skratten ekar då medlemmarna samlas för gemensamt varmbänksbygge. Äkta skratt är helt enkelt mera smittsamt än smileys!

I år har föreningarna ett gyllene tillfälle att visa upp all denna positiva energi och förmedla den till andra. Söndag den 8 augusti 2010 går arrangemanget Tusen Trädgårdar av stapeln och då passar många föreningar på att medverka och värva fler medlemmar.

I lappmarken ska det bli safari till öppna trädgårdar. Att resa i samlad tropp känns tryggt när man ger sig ut för att uppleva exotiska växter, möta djärva odlare med skarpa sekatörer i bältet, hämta andan i fruktsamma oaser mitt i vildmarken, och till sist återvända med livet i behåll och värdefulla souvenirer i form av elfenbensstormhatt, björnrot och varggap i bagaget som minne av en spännande upplevelse. Och helt säkert också några nya bekantskaper rikare.

Så trädgårdsnätet i all ära. Inget går upp mot trädgårdssällskapets växtmarknad, där man möter perenna vänner och bekantar sig med spännande växter – i liveversion!

10. Kan man äta sånt?

När husmannen nyligen hade flyttat till Lappland och stretade med att iordningsställa sitt grönsaksland, hände det att nyfikna bybor kom förbi på besök för att se vad tysken hittat på. När de såg den förhållandevis stora odlingsyta som upparbetades med tanke på hans dåvarande enpersonshushåll, blev kommentaren ofta: "Är du vegetarian?" Lapplänningarnas skeptiska inställning till grönsaker är därmed avslöjad. Tomater, gurka, kanske några salladsblad. Pizzasallad och rårivna morötter. I landet ett rabarberstånd och en tuva gräslök. Och potatis förstås. Vid första anblicken verkar det vara de former av grönsaker som är accepterade längst i norr, antingen som ett nödvändigt ont eller bara som dekoration till de rejäla köttportionerna på tallriken.

Men det har inte alltid varit lika magert på grönsaksfronten som idag. För visst har lapplänningarna också odlat grönsaker. Genom POM:s, Programmet för Odlad Mångfald, inventeringar av gamla kulturväxter har också odling av köksväxter landet runt uppmärksammats. Och då blir en annan bild synlig också av lappländska trädgårdar.

Gamla bilder från början av 1900-talet visar stora, präktiga kålland utanför Vilhelmina. När vi samlat äldre personer för att prata om deras minnen av odling i lappmarken förr i tiden, visar det sig att man odlat allt från morötter, rovor, kålrot, lök, blomkål, rödbetor, sockerärt, spenat och mangold, ja till och med pumpa.

Och när vi nämnde ordet "korova" tändes liksom ett ljus i ögonen på dem. För se korovan, den minns *alla!* Stora, söta och saftiga åts de råa och skrapades ur med sked. Pallade från grannens land smakade de ännu bättre.

Och alla odlade de också en typ av schalottenlök, som idag inom POM har fått benämningen potatislök. Gertrud Gustavsson i Ersmark utanför Skellefteå ärvde lökar från sin mamma, och tack vare att hon troget fortsatt hålla den i odling kan snart även andra köksväxtodlare i norr plantera löken 'Malvina' i grönsakslandet.

Jordgubbar var också populärt, och från Åsele kom berättelsen om jordgubbar som planterats vid ett kronotorp på 1930-talet, ditfraktade på cykel i ett gammalt havregrynspaket, och av vilka revor glatt överlevt på egen hand i skogen och nyligen återfunnits av barnbarnet på nostalgiskt återbesök. "Granlidengubben" har lämnats in till POM och ska även växa i Lapplands Kulturbotaniska Trädgård i Lycksele.

Gamla sorters köksväxter passar oss fritidsodlare. För oss är det ju den goda smaken som är avgörande, och vi vill inte heller skörda allt på samma dag. Men eftersom industrin kräver att bären ska vara lättplockade, mogna samtidigt och klara långa transporter, styrs förädlingen dithän.

Därför har gamla smakfulla sorters frukt, bär och grönsaker försvunnit ur plantskolornas sortiment och återfinns idag endast bevarade i gamla trädgårdar. Den som har gamla fruktträd, bärbuskar och köksväxter i sin ägo, gör klokt i att tipsa POM om sina juveler innan sorten går förlorad för alltid.

Idag växer intresset för egenodlad mat även i Lappland. Man möter färre anti-veggare, större nyfikenhet och fler modiga män som vågar utsätta smaklökarna för bondbönor och riskera upptäckten att färska grönsaker är gott. Vi lapplänningar är bortskämda med ädla och lyxiga lokala råvaror som röding, älg och hjortron. Varför ska vi då nöja oss med frysdiskens urvattnade version när vi så lätt kan odla krispiga bönor själva?

Att odla ger styrka, glädje och hopp om livet. Att skörda det du odlat själv ger egenmakt och är en livsbejakande motkraft till uppgivenhet mot larmrapporter och livsmedelsskandaler. Att tillaga grönsaker som bara haft en resväg på några få meter innan de landat i grytan gör dig bums till en kreativ mästerkock i den högre skolan. På köpet får du tillfredsställelsen i att du är en i raden av alla som odlat den jämtländska kålroten 'Trutsgård' och den norrbottniska Råneälvdalslöken. Sedan kan affären stå där med sina falska, besprutade och manipulerade långresenärer till lågpris. Nu, när du vet hur läckert det ska smaka.

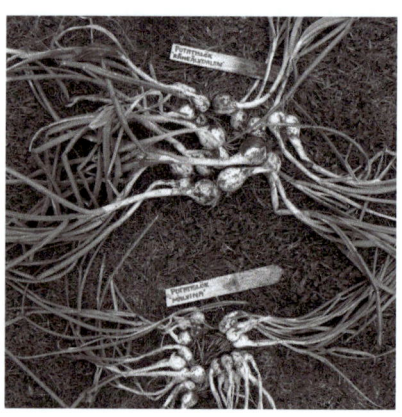

11. Bragdguld till trädgårdstokar

Trädgårdsmänniskor är galna. Det är vi nu i och för sig inte ensamma om att vara. Kompisen Helmut springer långlopp, alltså tiomilalopp och 24-timmarsdito. Av de flesta i sin omgivning anses han sålunda som inte riktigt frisk. Men hans favoritförklaring är fullt applicerbar även på trädgårdstokar: "De som inte springer (läs trädgårderar) alls, är inte heller riktigt kloka."

Fast somliga trädgårdsmänniskor är nog tokigare än andra. Och den som anlägger en praktträdgård i fjällvärlden betraktas väl som helt knäpp. Trots detta finns det de som modigt inte bara vågat tänja på gränserna utan radikalt spränga dem all världens väg.

Genom de pågående inventeringarna av gamla kulturväxter inom POM, Programmet för Odlad Mångfald, möter man en del sådana odlarhjältar. Och om det hade funnits ett bragdguld i trädgårdsskapande så har jag två givna kandidater som gjort extrema odlingsinsatser i Lappland.

Den ena var folkskolläraren Carl Edward Goës, som 1939-58 i stort sett ensam och på egen bekostnad byggde upp en renässansinspirerad skolträdgård i byn Håptjärnsliden utanför Malå. Hans djupa engagemang tog sikte på framtiden genom att intressera barnen för odling. De flesta vuxna idiotförklarade nog hela företaget att röja skog och släpa sten för att bygga – en trädgård!

Goës hämtade den klassiska trädgårdskonsten till Lappland, men hans verk rönte ett tragiskt öde när skolan lades ned och ingen visade minsta intresse för

47

trädgården. Idag skvallrar bara ett hav av lupiner och jättedaggkåpa för förbipasserande på vägen om den praktfulla anläggning som en gång fanns här. Den andra pionjären var Blomster-Lotta i Ammarnäs. På 1920-talet började hon tillsammans med sonen Alfred att anlägga en blomstrande lustgård i den karga fjällmiljön. Göte Haglund, initiativtagaren till Göteborgs rosarium, tjänstgjorde på den tiden som präst i Ammarnäs och han berättar i boken *Folk i Fjällby* att det fanns tusentalet växter i Lottas trädgård!

Det var den språkbegåvade Alfred som med sin omfattande brevkorrespondens med hela världen fick plantor och frön att anlända till fjällbyn vid vägs ände. Och det var den PR-sinnade och utåtriktade Lotta som fick besökare att vallfärda hit för att beskåda miraklet på fjället. Att trädgården var berömd visar alla bevarade foton om. Där står Lotta och plirar mot fotografen mellan lärkar, cembratallar och blågranar som inte var större än hon själv – och Lotta själv var bara en tvärhand hög.

Idag är träden gigantiska, och med sitt annorlunda barrverk kontrasterar de mot den omgivande granskogen. För idag är det mest träden som återstår av Lottas trädgård. Några syrener blommar i mitten av juli tillsammans med nordisk stormhatt och snöklädda fjäll som effektfull bakgrundskuliss. Det är svindlande vackert. Aningen vemodigt, men mest kraftfullt och imponerande.

Spår av terrasser göms idag under sly och ogräs i både Blomster-Lottas och Magister Goës trädgårdar. Vida omtalade på sin tid, men nu förvildade och försänkta i en djup törnrosaslummer. Kanske är POM prinsen som kysser liv i dem igen? För när vi nu letar efter gamla växter och hittar blomsterfynd hos någon som bevarat blommor från dessa trädgårdar, så dyker människorna bakom trädgårdarna upp. Och med det väcks också en önskan hos många att på något sätt varsamt lyfta fram deras trädgårdar ur dvalan.

Med tidens distans är det kanske lättare för oss att fokusera på bragdens storhet, att fascineras av viljestyrkan, och att inspireras av modet att gå sin egen väg och strunta i omgivningens oförstående och en karl som tyckte att hon väl kunde odla rovor i stället för blommor!

Vilken tur att det finns trädgårdstokar som vågar utmana våra ingrodda föreställningar om vad som är möjligt på en viss plats. Och kanske instiftas det en dag ett bragdguld att tilldela den tokstolle som var först att våga sig på att plantera vindruvor i Ammarnäs. Går det på sluttningar i Tyskland så varför inte i Lappland? Jag tror definitivt att Lotta skulle ha testat.

12. eXtremplantor krossar zonen

Som en av POM:s rosinventerare har jag firat lilla julafton upprepade gånger flera somrar i rad. Varenda gammal trädgård jag besökt har varit som att öppna en julklapp. Inte inlindad i glättat omslagspapper med tomtetryck, utan kärvt och rustikt returpapper. Men när man väl vecklat av pappret döljer sig ett smycke under den påvra ytan. På samma sätt har trädgårdarna visat sig innehålla pärlor av okänt slag. Och tänk – dessa julklappar kan man för-öka och dela med sig av till andra under mottot att det är saligare att giva än att taga. Det finns således alla skäl att tro på trädgårdstomten!

När detta år nu snart gått till ända är också de insamlingar av gamla kulturväxter som pågått under flera år genom POM, Programmet för Odlad Mång-fald, avslutade. Massor av hitteväxter står planterade i raka rader på provodlingar i sydligaste Sverige för att undersökas och jämföras i detalj, ibland ända in i minsta DNA. De mest intressanta ska sedan samlas i en genbank med så kallade klonarkiv runt om i landet för att bevaras för framtiden.

Men det ska inte bara stanna vid detta, och det är faktiskt den viktigaste ambitionen med POM-växterna och en skillnad mot de växtinsamlingar som görs av växtjägare i fjärran länder och som visas upp i botan-iska trädgårdar men som är exklusivt förbehållna dessa institutioner. POM-växterna ska nämligen *inte* bara visas upp för längtansfulla besökare som en oåt-komlig Rembrandttavla på ett museum, utan också spridas vidare till nya generationer.

Du och jag ska kunna odla Blomster-Kalles vita stormhatt från Långsjöby i vår egen trädgård eller den ljuva krukrosen Anna-Sofia på våra fönsterbrädor. POM-växterna blir till glädje för helt vanliga trädgårdsmänniskor och vi kan alla dessutom medverka till att det gröna kulturarvet hålls levande och vitalt. Som kunder i plantskolan kommer vi framöver bombsäkert att välja fler "gammheter" i stället för nyheter, och på köpet få en växtantikvitet med en sagolik historia.

För oss som odlar i landets allra nordligaste del väcker POM-växterna stora förhoppningar om ett bättre utbud av växter som klarar tuffa förutsättningar. Till skillnad från merparten av de nykomlingar på växtfronten som väller in i plantskolor idag och inte provats en endaste dag och ännu mindre en vinter i vårt svenska klimat, så är POM-växterna beprövade i decennier och under kärva förutsättningar. Det här är tuffingar och superhärdiga överlevnadskonstnärer. Mitt ibland meterhögt ogräs blommar de överdådigt utan att någon vattnar eller gödslar. De är långlivade, lättskötta och anspråkslösa. Rena drömväxterna alltså för den som snabbt vill ha en frodig oas.

Den provodlingsfas som ingen vill betala priset för idag är alltså redan avklarad. Härdighet och sjukdomsresistens är bevisad. Detta är också viktiga egenskaper som kan bli till nytta i kommande förädling, som bland vedartade träd och buskar där frökällan ofta är av stor betydelse för härdigheten. POM:s kulturarvsväxter blir ett värdefullt tillskott och ett ljus i mörkret för oss norrländska odlare eftersom sortimentet av härdiga växter är så begränsat och det

51

kommersiella intresset av att nyproducera träd och buskar för en liten klick trädgårdsentusiaster i norr är närmast obefintligt.

Vi zonvärstingar vill därför utmana E-plant-systemet till att införa en ny kategori med "eXtrem-plantor". Den Umeåbo som vill köpa en ligustersyren skulle då kunna välja mellan den nyligen lanserade mellansvenska varianten från Enskede eller eXtrem-varianten från Lycksele. En hardcoreligustersyren, typ.

För min del hoppas jag att trädgårdstomten inom de närmaste åren har en eXtrem-ek från Knaften i sin säck, så att jag under egen min livstid skulle kunna få se en ek växa upp till något annat än en meterhög buske. Och när jag ändå är i farten passar jag väl på att också önska mig Karlsgårdsäpplet, en vit rosentry från Vilhelmina och den klockformade Ammarnäs-rosen. Hmm - har han plats för några eXtremlönnar från Knaften också, måntro?

Odla hopp!

13. Odlande är hoppets filosofi

Jag läste nyligen ett ordspråk som löd ungefär så här: *"Odlande är en hoppets filosofi"*. Så sant! Få saker är väl så nära förbundna med hopp som att så ett frö eller plantera ett träd. Inom oss ser vi redan resultatet ta konkret form i praktfulla kålhuvuden, rankor översållade med doftande luktärter, buskar dignande av bär och en majestätisk sparbanksek. Går det sen åt skogen med den tänkta fägringen och skörden, så dröjer det ändå inte länge förrän besvikelsens bittra smak förbyts i nytt spirande hopp. För nästa år, då minsann!

Vintern är just den tid när hoppet bäst kan frodas och växa till. För oss Lapplandsodlare som är välsignade med en vinter som faktiskt tvingar oss till en viloperiod från det yttre, fysiska trädgårdsarbetet, blir vintern en välbehövlig paus och en möjlighet att ladda batterierna på nytt.

I tomrummet och stillheten föds ny inspiration och kreativitet. Odlandet återför en viktig rytm i våra liv som gått förlorad idag när allting ständigt och alltid ska vara på topp. Det måste finnas utrymme för såväl *slow gardening* som turbogrävning i en odlares liv.

Nu låter det vita snötäcket ögat få vila från bulleriga blomsterfanfarer. Den krokiga trädgårdsryggen kan rätas ut på soffan. Där kan man högaktningsfullt slå dövörat till när alla ofärdiga projekt som hojtat på uppmärksamhet nu håller klaffen under snön, för att senare tina fram samtidigt som nya krafter vaknar.

Och ändå kan näsan och munnen varje dag få fröjda sig över en smakfull hälsning från trädgården när krispiga morötter, gyllene mandelpotatisar och torkade örter landar i grytan.

Vintern är en nyttig övning i trädgårdsavhållsamhet. För precis som ständigt godisätande och läskpimplande ger hål i tänderna, övervikt och på sikt diabetes, så resulterar ständigt blomsterfrossande för min egen del i en övermättnad som lämpligen bäst kureras med en rejäl vintrig trädgårdsfasta! Den ger mig ny strålande och frisk aptit igen.

För efter några månaders smalkost, baserad på vissna fröställningar och enstaka korallkornellspröt som enda klatschiga avbrott i allt det vita, är man så sugen på frodigt grönt igen.

Blir bristsymptomen alltför svåra kan också läsande av riktigt matnyttiga trädgårdsböcker (ni vet sådana där som är lika fullspäckade av nyttigheter som surdegsbröd) fungera som kur. I svåra fall kan till och med gamla trädgårdstidningar duga.

Det är ju förresten nu som man har tid att täta till sina kunskapsluckor, för under odlingssäsongen har man fullt upp med trädgård i liveversion.

Nej, jag avundas verkligen inte den som likt min svärfar i Köln kan gräva året om. Jag lider tvärtom med den vars spade aldrig får ta jullov och som saknar denna fantastiska möjlighet att odla förväntan och saknad.

För hoppet är ju just det: att våga tro på det man ännu inte har i sin hand.

Hoppet är lek, det är ständigt ungt och tittar nyfiket framåt. För en odlare i norr vankas det grönska

ungefär som lördagsgodiset förr i världen. Inte så ofta
– men tänk vilken fest och lycka att njuta av just då!

Det är just när godissuget efter något småblom-
migt börjar göra sig påmint som de första frökatalog-
erna landar i brevlådan. Snacka om vårens hoppfulla
budbärare och en försåtlig frestelse för en *seedoholic*
som visar första tecken på viss odlingsabstinens...!
Snart rasslar löftesrika kuvert fyllda med hopp och
drömmar ner i brevlådan.

Och redan i februari, när det tydligt märks att
ljuset har tilltagit, kan den lappländske odlaren starta
våren på fönsterbrädan. Hos oss infaller första
frösådden av princip på samernas nationaldag den
sjätte februari – ett lämpligt startdatum i Lappland.

Jag förstår mer och mer varför sommarbloms-
traditionen är så starkt förankrad hos odlare i norr.
Genom förkultiveringen av plantor kan lapplänning-
arna skapa sig en vår fastän snön ligger meterdjup
utanför. I den lappländske odlarens hjärta spirar det då
för fullt. I hans hjärna råder mental vår, och de
lyckliga fingrarna har äntligen jordkontakt igen. Den
lappländske odlaren är expert på att odla hopp!

14. Hoppfulla blommor

Som lappländsk trädgårdsodlare gäller det att leta efter racerväxter. Sådana där som liksom formel 1-bilar står och gasar vid startlinjen och så snart startsignalen går accelererar från 0 till 300 på en ögonfransviftning. Växter som sprutar ur backen och käckt rycker på axlarna åt en frostknäpp. Låt mig få presentera några pålitliga stallkamrater för en rykande vårstart.

Julrosor är helt outstanding när det gäller att först braka förbi mållinjen. Genom det sista snölagret reser sig plötsligt stadiga stjälkar med nacken ännu böjd och den slutna blomknoppen som ett huvud med mössa. Full koncentration i startblocken – och sen iväg med ett rövardotterskt vårskri! Fast här blommar de förstås inte till jul, snarare i början av maj. Men det spelar ingen roll, för känslan av underverk som blomman i snön förmedlar är en hoppets triumffanfar. Vintern är besegrad för detta år.

Efter en något längre startsträcka kommer snart andra käcka och glada vårentusiaster igång: blåsippor, gullvivor, backsippor, bergenia, aurikler, våradonis, kabbleka, sibirisk nunneört, förgätmigej, vårärt, vårkrage och rosenrot. I blomsterbutiken dyker det upp frosttåliga penséer i alla världens färger, och om man hela tiden nyper bort överblommat så håller de ut ända till sensommaren.

Men inte bara blommor kan räknas till vårens hoppfulla budbärare. Effektfullt nyfött bladverk får också stilpoäng, som den lurviga tuvan med björnrot, veckade daggkåpekjolar och ormbunksrullar, liksom ferrariröda rabarberstånd och pionskott. Vår taiwanesiska gråblå slingerstormhatt är också en *quick-starter*. Fast den är omgiven av snö upp över fotknölarna har den redan morskt siktet inställt på att snabbast möjligt nå toppen av klätterställningen.

Giftighet är inte skäl nog till att bojkotta Lapplands motsvarighet till forsythian söderut: tibasten. Denna meterhöga buske med sina lysande lila blommor på bara grenar har med sin härdighet för landets tuffaste zoner en självklar plats i trädgårdar i norr. Den likaledes giftiga och tidigblommande dårörten med sina hängande, bruna klockor likaså.

Mjuka och dekorativa videkissar bjuder inte bara oss människor på ögongodis, utan långt viktigare är att de också serverar insekterna i trädgården en välbehövlig förrätt av nektar och pollen i väntan på sommarens huvudmål.

Men även för oss finns det ätbart att hämta redan tidigt i grönsakslandet. Några blad av libbsticka sätter piff på det mesta, liksom gräslök. Och för en lapplänning är det självklart att dela samernas tradition att skörda kvanne. Både blad, stjälkar, rot och frön kan användas, och den söta smaken passar väl ihop med en annan primör: rabarbern.

Vårlökar utgör däremot ett särskilt kapitel i våra trädgårdar i norr. De fyller inte samma tidiga vårinjektionsfunktion som söderut, eftersom snötäcket först måste försvinna och marken tina upp. De kommer därför igång och blommar ungefär samtidigt som mycket annat.

Ett problem för oss är att lökväxter ofta finns i handeln först på senhösten, vilket är alltför sent för att

59

de ska hinna rota sig här innan vintern kommer. Slutresultatet blir att man inte tror att lökväxter funkar i norr. Men vet man väl om dessa förutsättningar finns det ingen anledning att inte satsa på lökar även i fjällvärlden. I en trädgård i Ammarnäs växer stora ruggar av många olika sorters narcisser, men också krokus, scilla, botaniska tulpaner, kungsängslilja och andra *Fritillaria*-släktingar frodas och trumpetar ut hopp om vår bakom snöklädda fjäll.

För att öka intresset för vårlökar planterade vi förra hösten ut tretusen narcisslökar på Kulturbotan, Lapplands Kulturbotaniska Trädgård i Lycksele, som levererats i slutet av augusti från Holland. De första slog ut i mitten av maj, de sista blommade ännu i början av juli. Framför Margaretakyrkan växer späda vita narcisser ur *Narcissus tridandus*-gruppen, som passande nog kallas för änglatårar. Inte bara det: på kyrkomålningar är det narcissen som predikar budskapet om uppståndelsen – snacka om tydlig symbol för det ultimata hoppet!

15. Turbogardening

Tänk om man kunde stretcha tiden likaväl som muskler. För om är det någon tidsperiod som skulle behöva tänjas ut åt båda hållen, så är det månaden maj. Visserligen har man som trädgårdslapp haft goda möjligheter att vila sig i form under vintern, men precis som det knappast är en god idé att otränad ge sig ut i Vasaloppsspåren utan en enda förberedande skidrunda i benen, bör trädgårdslappen på samma sätt vara insatsberedd så snart snön försvinner kring Valborg.

April kan till exempel utnyttjas till att laga mat som fryses in i lämpliga portioner att ta fram när man utmattad och krokig återvänder in i huset för att fylla på energiförråden innan det är dags för nattpasset i grönsakslandet.

För till skillnad från trädgårdsskåningar får trädgårdslappen inte ens vila om natten. Här inträder nämligen icke något mörker som kan utgöra en ursäkt för att ställa undan spaden och gå in för att ta igen sig på soffan. Nej, dylika kvällar infinner sig i Lappland först i augusti - och då är det så dags när man äntligen har fått upp flåset och växtligheten lugnat ner sig.

Jag har sagt det förr, men det är en sanning som tål att upprepas: trädgårdsodling i norr är detsamma som turbogardening!

Vänd ryggen till slingerstormhatten, och när du snor dig om igen har den vuxit en decimeter. Jag lovar, det är sant. Och allt, precis allt, måste vara gjort just *nu*, för redan nästa dag är det försent.

61

Har du inte krattat bort löven från gräsmattan på tisdag, så har grässtråna redan vuxit sig så höga på onsdag att det bara är att ta fram gräsklipparen i stället för räfsan. Missar du att beskära rosorna den dagen björkarna har knoppar som musöron så får du skylla dig själv när bladen vecklats ut nästa dag. Glömmer du att stötta riddarsporrarna på förmiddagen har stjälken redan vikt sig på eftermiddagen.

Bråttom, bråttom. Trädgårdslappen ilar runt som ett skållat troll med andan i halsen och blicken irrande mellan allt som hojtar på uppmärksamhet. Det är ett grävande, rensande, planterande, gallrande, vattnande och skottkärrekörande i ett hysteriskt tempo. Den som säger att det är avstressande med trädgård har definitivt aldrig upplevt en trädgård som gödslats med midnattssol.

I maj kan trädgårdstidningarna ta lov för man hinner ändå aldrig läsa dem. Likaså kan TV ta paus och Telia upphöra att ta abonnemangsavgift. Möjligen blir det mera fart på odlarwebben, eftersom här kan akuta problem kanske få ett svar av någon som ännu orkat slå på datorn efter dagens trädgårdssysslor.

Men då skulle man ju förstås ha hunnit hämta kameran och fotat den där konstiga insekten samtidigt som man farit runt som en skottspole mellan redskapsbod, växthus och rabatter.

Det är först framåt midsommar som man som trädgårdslapp kan sjunka ner på någon av alla de välinrättade sittplatser som av hittills outgrundlig anledning finns utströdda i täppan, för att hämta andan en stund.

Den stirriga blicken tillåts sakta ner farten, den fastnar på en nyss utslagen rosenknopp - och plötsligt drabbas man av förundran. I ett trollslag förändras perspektivet, och man *ser*. Och inser att det ju är detta som man har drömt om.

Det hopp som burit mig genom vintern materialiseras nu inför mina ögon och antar form av en rädisa.

Hoppets färg är grön, och vårens skira grönska är det kraftfulla ekobränsle som ska fylla på mina tömda energidepåer. Det gäller att tanka så att det räcker ända fram till nästa vår. Om maj kännetecknas av febril verksamhet, är tiden från midsommar till början av augusti till för att lojt låta sinnena bada i skönhet, överdåd och smakfulla godsaker från köksträdgården. Emellanåt kan man förmå sig att göra någon liten odlarinsats, men nu räcker det med slött EPA-traktortempo.

Andra må hålla sig med personliga tränare och mentala coacher. Själv ägnar jag mig åt trädgårdsterapi. Odlandet ger inte bara kroppen träning utan framförallt övar jag mig i att leva med motsättningar. Att röra sig mellan *slowfood* och turbogardening är en spännande balansakt som håller hopp och mod vid spänst. Gympa för kropp, själ och ande alltså!

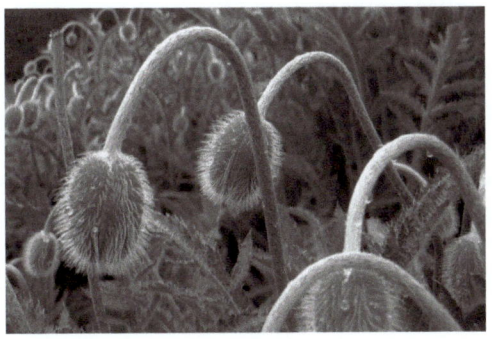

16. Hoppla, vad det växer!

Så här i slutet av sommaren känner jag mig som en storgodsägare som belåtet inspekterar sina ägor. Som bara går runt och jäser av stolthet över rikedomen som bokstavligen växer mig över huvudet. "Duktig pojke" säger jag nådigt och klappar tomatplantan på huvudet. "Här ska du få en skvätt gödselvatten". Det skulle inte förvåna mig ett dugg om han skulle bocka sig och säga "Tack snälla tant".

Sensommaren är den absoluta höjdpunkten på trädgårdsåret i norr. Här är allt fortfarande friskt och frodigt medan många trädgårdar i södern ser lite trötta och lätt bedagade ut. Det är förstås de svalare nätterna som gör att växterna håller sig fräscha längre. Löjtnantshjärtat hör till dem som klickar på gilla-knappen och blommar fram till frosten.

Stormhattarna passar perfekt till min malliga attityd just nu. Rakryggade står de i givakt när jag passerar på min runda. Precis som jag letar efter tidiga växter som tänjer ut säsongen på våren, så söker jag växter som håller sig höstsnygga länge. *Stretching plants* kallar jag dem.

Slingerstormhatt, flox, kärleksört, rosa älggräs och purpurkvanne är snyggingar som både hinner blomma och klarar köldknäppar. Populära prärieväxter som solhattar, silverax och flockel, som ofta används i trädgårdar söderut, är svårare. De behöver mycket värme för att hinna utvecklas här, så de måste få en riktigt varm och solig växtplats.

Andra mera pålitliga sensommarkompisar är gullris och den ståtliga höstrudbeckian som lätt blir över två meter. Gullriset beter sig beskedligare i norr och behöver inte förses med samma varningstriangel som för trädgårdsägare söderut. Detsamma gäller munkrenfanan och praktlysingen, som också blommar vid denna tid. Gullstaven känns rätt uttjatad, för den finns på precis varenda gård. Men nu kan tråktemat få lite variation eftersom det kommer massor med nya rödbladiga, flikbladiga och brokbladiga sorter. Ett nytt recept på en gammal vanlig standardrätt, och vips känns det mera aptitligt.

Efter många höstliga trädgårdsbesök i Tyskland har jag också upptäckt hur vackra höstastrar kan vara. De blommar dock för sent för att fylla samma funktion i en lappländsk trädgård, men jag har löst det genom att plantera tidigblommande arter, som alpaster och brittsommaraster. Solbrud ser man sällan i våra nordliga trädgårdar, vilket är synd. Fram för fler brudar i rabatterna! Och vi som ännu är liljebagge-befriade kan verkligen satsa på frosseri i liljelökar. Få växter finns ju att få i ett sådant brett färgspektrum.

Bland prydnadsgräsen hör tuvrör, *Calamagrostis*, och blåtåtel, *Molinia*, till de härdigare. Och så rand-gräs förstås! Ännu en växt som har varningsflagg söderut, men som här visserligen sprider sig men går att hålla i schack och som framförallt bombsäkert funkar utan fjäsk. Gräs i starka rödbruna och koppar-toner och som hör till de mera ohärdiga sorterna, som till exempel bronsstarr, gräver jag upp och vinter-förvarar svalt inomhus. Det läckert svarta ormskägget likaså.

Om perennarabatterna anses som snygga så är köksträdgården fullständigt överväldigande. De upp-

65

höjda bäddarna är sprängfyllda med morotsplymer, pampig grönkål, krispig sallat, blekselleri, lök, knapriga sockerärter, rödbetor, trinda bondbönsbaljor – *you name it*. För att inte tala om de dignande bärbuskarna! Efter en skördepromenad i grönsakslandet uppgraderar jag raskt mig själv från godsägare till Grävinna.

Förråden fylls på nytt, liksom frysboxar och källare. Om jag får leka spågumma, så tror jag att det måste komma smarta förvaringssätt och kurser i hur man tillvaratar och bevarar sin skörd, för alla människor som bor i stan och inte är stolta ägare till en rymlig jordkällare utan bara har ett kylskåp att förvara sina nyskördade fyrtio kilo potatis från kolonilotten. Tillverkare, se hit: en balkongstuka i frigolit där rotfrukter förvaras på fuktig mossbädd önskas!

På väg in från min godsägarrunda passerar jag den blodröda rosen 'Hope for Humanity'. Då tänker jag: visst finns det hopp för mänskligheten. I alla fall så länge man odlar en trädgård!

17. Hopp konserverat på flaska

Det säger blupp. Blupp. Blu-blu-blupp. Regelbundet, som andetagen hos en sovande som då och då snarkar till. Min husman tittar på klockan och räknar bpm, blupps per minut. 10-15 stycken, det är perfekt. Ingen åtgärd behövs ännu från hans sida. Årets årgång av lappländskt vin är under produktion. Att göra eget vin är inte så märkvärdigt. Det är hans motiv till tillverkningen som är udda. I alla fall för en svensk, som nog uteslutande gör vin med avsikt att få fram en alkoholhaltig rusdryck. För den som kommer från ett vinkulturellt område kan det emellertid finnas andra orsaker. Som den att ha tillgång till en sådan ofantlig mängd skogs- och trädgårdsbär att man inte längre vet hur man ska kunna ta tillvara på allt. Alkohol är då bara ett sätt av många att konservera produkten så att den blir hållbar över längre tid. Detta argument för vintillverkningen brukar röna en viss förvåning i våra trakter...

Att göra blåbärsvin var rätt vanligt förr i lappländska hem. Metoden var enkel. Man hällde blåbär i en flaska, tillsatte en sockerbit och kanske även liten kula jäst. Hällde på vatten, korkade och satte flaskan i ett soligt fönster. Denna flaskmetod var mera att likna vid en livsfarlig självmordsbomb än kontrollerad vintillverkning. Ofta detonerade Molotovcocktailvarianten med sin färgladdning långt innan den var färdig, efterlämnande ickeförbleknande fläckar efter sig på tapeten. Denna beredningsmetod brukas av förklarliga skäl icke i vårt hem.

Inte heller utgörs basen till vårt lappländska husvin av vindruvor. Vi har visserligen en baltisk staketdruva av sorten 'Zilga' som ger många goda druvklasar, men den levererar främst blad till dolmades, vinbladsdolmar. Eftersom ingen verkar tro att det kan växa vinrankor i Lappland har den närmast nått kändisstatus. Nästan varje sommar tittar lokal-tv förbi för att göra en snutt om den lappländska vindruvan. Den får akta sig så att den inte blir högfärdig!

Nej, vårt vin består av förstaklassbär från trädgården och skogen. På sensommaren stegar husmannen iväg till bärskogen och vacklar hem med hinkar dignande av purfärska ingredienser till årets vin. Förresten älskar jag alla de epitet som ordet skog kan laddas med. Går man till bärskogen, eller rent av till lingonskogen, vet man exakt vad som vankas. Något helt annat än om man går till älgskogen eller svampskogen. Eller älskogen.

Bären pressas först lätt och får safta till sig med lite vatten och vinjäst som köps från specialtillverkare i Tyskland, jästnärsalt och lite socker. Några dagar senare pressas massan i en fruktpress och bärsaften hälls på stora vindunkar. Nu vidtar en noggrann procedur med bluppräknande, provsmakande och tillsättande av mera socker eller vatten, beroende på vinets behov.

Efter cirka 8-10 veckor, när restsötman är lagom, är det dags att eventuellt tillsätta ett uns svavel och låta vinet avstanna. En månad senare kan det fyllas på flaskor. Vinet får en något högre alkoholhalt än de i handeln vanliga 12 procenten. En skvätt vatten hälls i när vinet dekanteras, det frigör fler smakämnen.

Numera förvandlas en stor del av skörden av svarta vinbär, lingon, blåbär, kråkbär och nypon till ett ypperligt gott vin. Ett rött vin med en karaktär som passar till mycket i matväg, och som varierar från år till år beroende på tillgång på de olika bären.

Som alltid är det råvarans kvalitet som bestämmer hur bra vinet slutligen blir. Klart är att kvaliteten av den råvara som vi använder vida överstiger det som ingår i det lådvinselände som manglas ut i jättekvantiteter. Det är en lyx som är alldeles för få förunnat att dricka ett äkta hantverkstillverkat vin av lokalt och ekologiskt producerade bär.

Belåtna njuter vi alltså frukten av årets odling. En smula sommar samlas i burkar, påsar och på flaskor. Vårt ekorrbeteende resulterar i proppfulla hyllor i förrådsrummet. För den som odlar är det lätt att känna sig oändligt rik. Det är vinbär och lingon som ger näring åt hoppet. För hoppet om ett liv efter jul bor i frysboxen. Och i vinkällaren förstås.

18. Pandoras fröklappar

Det är när jag står vid det uppdukade julbordet med sina tända ljus, lummergirlanger på röda dukar, tomtedekorationer, dignande matfat och glöggdoft som jag börjar inse att jag nog är gravt trädgårdsskadad. För nog måste man väl definitivt ha något allvarligt fel i huvudet när blotta åsynen av sill, skinka och grisfötter får en att direkt associera till - trädgård!

Långsökt eller ej, faktum är att det finns vissa viktiga inslag som karaktäriserar såväl julen som trädgården. Som tomten! Och granen förstås. Fixeringen vid ljus är en annan gemensam nämnare. På sommaren är det sommarsolstånd, midsommar och midnattssol som gäller, kring julen är det istället ljusbärerskan Lucia och stjärnan över stallet i Betlehem, som med strålande ljus bringar hopp om liv och seger över mörker och kyla.

Och liksom julbordet har sitt traditionella upplägg med sill och strömming som intro och Jansons frestelse som final, har trädgårdsåret sin bestämda gång. Det börjar med julrosor, narcisser och aurikler, fortsätter med ljuva pioner och rosor, och avslutas med färgsprakande rönnar och kryddigt doftande flox. Och vare sig det gäller förrätt eller högsommarblomster har alla sina favoriter, såväl på julbordet som i trädgården.

Medan jag hugger in på den rökta rödingen får dess laxrosa färg mig givetvis att tänka på jättevallmon 'Karine' som växer i Linnéparken i Gunnarn. Grönkålen, som här på julbordet förstås bara används

70

som utsmyckning kring skinkan, får mig att minnas höstens många högtidsmåltider med grönkål, isterband, mandelpotatis och mustigt tyskt öl.

När jag till slut äntligen lyckas slita mig från den gravade laxen och gå över till den rökta älgsteken, fortsätter mitt filosoferande i samma jämförelsebanor men i lite lugnare takt. Jag kommer fram till att en del trädgårdar verkligen är precis som julbord. De dukar upp och avslöjar alla godsaker direkt. Jaha, var det allt som bjuds, tänker man då.

Det är visserligen emot själva principen för en lappländsk trädgård att stänga in sig på engelskt vis bakom höga häckar och plank, men trädgårdsrummet behöver ju inte vara helt slutet. Det kan räcka med att här och var stoppa upp blicken med en buske eller en flätskärm som döljer en bit av trädgården och skapar nyfikenhet på resten. På så sätt kan den lappländska trädgården både behålla sin generösa, exhibitionistiska karaktär och ändå servera läckerheterna lite mera portionsvis. Låta vrån bakom syrenen överraska besökaren lika elegant som glassbombsurprisen i slutet av Nobelfesten.

Så långt som till det småvarma kommer jag aldrig på julbordet. Köttbullarna och revbensspjällen, för att inte tala om lutfisken, hamnar aldrig på min tallrik. Jag är proppmätt, och gör halt innan den fullständiga övermättnaden infinner sig. Så kan det förresten också vara med trädgårdar, särskilt stora parker. Vissa serverar helt enkelt så otroligt många rabatter, blickfång, lusthus, fontäner, statyer och elegant formklippta häckar att man efter några timmars strosande känner sig som om man fått en trädgårdsöverdos. Då är det hög tid att ta en liten fastekur från mat eller trädgård.

Förresten finns det en parallell till mellan julen och trädgården. Julklapparna förstås! En av våra återkommande julklappar är en omvänd almanacka. Den är motvalls på det viset att den under sommarmånaderna visar vinterträdgårdsbilder och på vintern är det följdaktligen prunkande sommarmotiv. Det är fascinerande att ständigt påminnas om de extrema kontraster som den lappländska trädgården bjuder på.

I trädgårdssammanhang rör sig julklappsmotsvarigheten förstås om löftesrikt prasslande fröpåsar. Framme vid kaffet och en pytteliten kaka med vallmofrön på inser jag att fröpåsar, det är egentligen Pandoras ask. För när den nyfikna Pandora inte kunde hålla sig och öppnade sin ask så att all världens elände flög ut över världen, så lyckades hon i alla fall stänga den igen så att en enda sak fanns kvar på botten. Hoppet. Finns det någonting som mer symboliserar hoppet än ett frö?

Gräv för livet!

19. Potatisekonomi i kristider

Hade det stått trädgårdsekonomi på schemat i skolan hade jag kanske haft ett bättre betyg i matte. Det började så bra med "Per har tre äpplen. Han ger ett till Lisa. Hur många äpplen har Per kvar?" Men sedan urartade det snabbt, och jag begrep sällan den praktiska nyttan av matteundervisningen. Nu, när jag har en trädgård, blir denna räknekunskap mera intressant. Och den pågående ekonomiska krisen skulle verkligen behöva medicin i form av trädgårdsmatematik!

Välkommen till grundkurs i potatisekonomi. Om du sätter en potatis och skördar femton nya, hur många procents avkastning blir det? Rätt svar: 1.400%. Har någonsin dina PPM-aktier gett en dylik utdelning eller bankkontot en sådan ränta?

Nästa övning: hur många potatisar äter du per år? Hur många måste du sätta för att skörda tillräckligt för årets behov och dessutom ha utsäde för nästa år? Då är det dags för en mattelektion i den högre skolan: om sedan sorken eller tranorna tar 60% av potatisarna, hur många har du då kvar? Hur många måste du sätta för att klara ett sådant bortfall? Räkna sedan om allt till kilo.

Och till slut: hur mycket kostar potatisen att köpa i affären? Dra av dina omkostnader för odlingen, och räkna ut vinsten. Jämför gärna med hur många jobbtimmar du behöver för att tjäna ihop till köpepotatis.

Man kanske inte tjänar så mycket i faktiska kronor per år på att odla sina potatisar. Men det man odlar själv måste man inte köpa för pengar som man inte har!

Många avstår från att köpa ekologiska grönsaker eftersom de är dyrare än konstgödda, besprutade och vittberesta. För den som har det knapert ställt ekonomiskt blir egen odling därför en lönsam affär som ger tillgång till giftfri mat av högsta kvalitet, så att man slipper att äta den sämsta frukten bara för att den är billigast.

Det behövs inte en särskilt stor jordplätt för att bli självförsörjande på grönsaker. Inte heller behöver det vara en stor arbetsinsats eller startkostnader, några enkla basverktyg och fröpåsar räcker långt. Låna Lena Israelssons böcker om grönsaksodling på bibblan, och öppna ett konto i din egen trädgårdsbank!

Fast trädgårdsekonomi handlar mindre om kronor än om en grundläggande annorlunda inställning än den rådande inom dagens ekonomi. Principen i Trädgårdsbanken lyder: du kan inte låna ärtskidor innan du sått dem. Trädgårdsekonomi handlar inte om att låna av framtiden eller att göra snabba klipp triggade av konstgödsel eller GMO, utan är en långsiktig placering där man framför allt investerar i och bygger upp sin jord, själva förutsättningen för att få ett bra slutresultat.

Under kriget var grönsaker hårdvaluta, och *Dig for victory* blev slagord i England. Odlare som kunde producera mat för familjens överlevnad steg i graderna. I Ryssland har man en lång tradition av matnyttig odling vid datjan, som en trygghet när bristen var stor på det mesta.

Också i Sverige insåg man värdet av odlande kring förra sekelskiftet. Med olika åtgärder stimulerades till odling och ökad självförsörjning, något som gav bättre överlevnad och friskare befolkning.

Idag stimulerar man shopping. Handla allt du behöver, för i varje led som tillkommer längs vägen finns det flera aktörer som tjänar på det. Odlar du din potatis själv så snuvar du alla dessa på stålar. Fast det som jag tycker är det sämsta med köpkulturen, är att det också främjar beroende, passivitet och rädsla. Det är lätt att bli panikstressad när hela ens livsvillkor dikteras av en hypernervös marknad och hispiga börsspåmän som borde coola ner med lite trädgårdssysslor och få andra perspektiv på tillvaron.

Min syn på ekonomi är kanske blåögd. Men inte en endaste dag har jag ångrat beslutet att bosätta mig på landet, göra mig lånefri och odla min potatis. Genom att odla min egen mat har jag också odlat självständighet. Jag kan påverka vad jag stoppar i munnen. Det har stärkt min egenmakt i stället för att bli offer för bankens nycker. Mitt sparande växer i trädgården. Den tillväxten känns betydligt säkrare än mycket annat just nu.

20. Odla lyckopiller!

I mitt badrum står det en vackert frostad flaska med en lattebrun vätska. Det är en hästkastanjetinktur, som enligt min *Kräuterfrau* ska vara verksam mot åderbråcksbesvär. Jag har nyss silat av och tappat upp den, så om den hjälper vet jag inte ännu. I kylskåpet står en annan flaska, brun med snäppkork. I den är det granskottssirap, som enligt min andra örtguru är bra mot hosta. Jag väntade hela förra vintern på att äntligen få en förkylning och kunna testa den. Otroligt söt och god, och förmodligen hjälpte den lika bra som någon annan hostmedicin. Roligt är det hur som helst att prova örternas nyttiga verkan.

Men det verkar som om gammal kunskap om hur man drar nytta av naturens och växternas läkande egenskaper har dunstat bort som ångor i samma takt som välståndet ökat. Jag kom att tänka på detta efter ett radioinslag om hur den pågående krisen gjort att denna kunskap åter kommit i bruk, och det särskilt i länder som inte haft välstånd så länge. Kanske har det gjort att kunskapen inte helt fallit i glömska utan fortfarande finns så nära i minnet att den går att återkalla. Att det ännu finns levande människor som bärare av denna kunskap. Ungefär som med gammalt hantverk.

En viss kulturell skillnad tycker jag kan skönjas. De flesta svenskar verkar helst knapra läkemedel från fabrik mot sina krämpor. För min husman och många andra tyskar är det i första hand ur naturens apotek som boten söks, i alla fall för vanliga besvär. En förkylning kureras bäst med ångbad av kamomill och te mcd honung. Kamomillte lugnar även en orolig och uppblåst mage. Samerna tuggade på kvanne när de for på marknad för att undvika att smittas av infektioner. För att inte tala om kineser, som verkar ha ett helt annat holistiskt synsätt, där man hela tiden strävar efter att upprätthålla balans i kropp och själ så att man inte blir sjuk. Undrar om det bara är en myt att en kinesisk läkare endast får betalt så länge patienten är frisk...

I dagens moderna samhälle förlitar vi oss i högre grad på piller än örtteer. Men vad händer om man inte längre har råd att köpa Alvedon? Eller när penicillin inte längre biter på infektioner, och minsta sår kan leda till blodförgiftning med dödlig utgång? Numera talas det ofta om *functional food* eller mervärdesmat med hälsoeffekter, som fil med bakterier som är nyttiga för tarmfloran. Men jag lärde mig redan som barn att helt vanlig fil utan några tillsatser alls är bra tarmmedicin. Och nog vore det väl en självklarhet att det vi stoppar i oss inte ska göra oss sjuka utan friska!

Nu menar jag inte att man ska ersätta livsviktig medicin eller försöka sig på att bota cancer med en morotskur, utan att man kan använda läkekraft ur naturen för att lindra enklare krämpor. Då tänker jag inte på konstgjorda vitaminpreparat på burk eller blåbär i pillerform, utan på den äkta vara som vi själva odlar och skördar i trädgården och i naturen. Att vi odlar hälsa i vår trädgård är välbekant.

En undersökning som Riksförbundet Svensk Trädgård har gjort visar att våra medlemmar äter mycket mera frukt och grönt än befolkningen i övrigt.

Trädgård är även bra för hälsan som träningsform. Lite grävgympa håller musklerna i trim. Bättre med trädgård som friskvård, än piller som sjukvård alltså.

En som entusiastiskt kan predika i timmar om trädgårdens nyttigheter är vår förbundsordförande Åke Truedsson. Som kemiingenjör kan han berätta exakt vilka ämnen som tomater, havtorn, sallat och vinbär innehåller och hur de påverkar vår hälsa positivt. Bjud in honom till er trädgårdsförening och ni kommer garanterat att gå hem och börja odla mera hälsopiller i era trädgårdar!

Själv roar jag mig med mina kurer. Det känns rätt bra att berätta för min njurläkare att den lingondricka som vi råpressar av infrysta bär kan hjälpa mot urinvägsinfektioner så att man slipper ännu en penicillinkur. Att våra lingon från skogen funkar lika bra till detta ändamål som importerade tranbär är ännu ett plus. Vad sägs om gratis lingonterapi?

80

21. Jag - en blomsterrasist?!

Jag predikar ofta och gärna om värdet av att använda vanliga lappländska växter, gärna i en ny och lätt uppgraderad version. Det kan vara varianter av naturligt förekommande arter men med en avvikande färg, som purpurfärgad kvanne, rödbladig björk, blekgul smörboll och vita rallarrosor. Det blir som husmanskost i fräsch tappning, när det välbekanta visar sig i en ny dager. Föreställ er en granskog - men av blågranar.

Dock innebär detta ett moraliskt dilemma. Är jag i själva verket inget annat än en blomsterrasist när jag förespråkar lappländska växter?!

Faktum är, hur tokigt det än kan låta, att trädgård och växter har använts som uttryck för såväl demokrati som fascism. Författaren Michael Pollan berättar i boken *En andra natur* om de demokratiska amerikanska gräsmattorna, som i medelklassförorterna löper som ett sammanhängande grönt band över alla tomtgränser. Ve den husägare som inte klipper sin gräsmatta!

De puritanska gräsmatteförespråkarna beskrev staket som barbariska, lika okristliga som klostrens gallerfönster och muslimska kvinnors slöjor. Häckar tyder på självviskhet och egoism, medan gräsmattan uttrycker jämlikhet och öppenhet, och visar att man inte har något att dölja. Med dessa argument var det kanske inte så konstigt att det lutherskt präglade Sverige övertog gräsmattekonceptet. Här i Lappland kan den tuktade gräsmattan främst ses som ett uttryck för den tillfälliga segern över vildmarken.

De rasistiska dragen kan sägas komma ur en slags snedvriden eller urspårad extremnaturalism. När den naturalistiska trädgårdsstilen gjorde sitt intåg mot slutet av 1800-talet, agiterade upphovsmannen William Robinson för användandet av härdiga växter som var anpassade till klimat, miljö och förutsättningar, vilket lade grunden till ett ekologiskt trädgårdstänkande. Men Robinson uteslöt däremot inte alls utländska växter, tvärtom. Växter från alla länder skulle användas och acklimatiseras till platsen, så länge de trivdes och frodades utan besvär och kostnader. Lyckad integrationspolitik för växter alltså.

Men en del efterföljare tolkade detta mera radikalt. Den tyske trädgårdsarkitekten Willy Lange förespråkande bruket av inhemska tyska växter framför importerade, något som väl sammanföll med tidens nazistiska ideal och utnyttjades i denna progaganda. Miljöaktivisten och dansken Jens Jensen, som immigrerat till den amerikanska mellanvästern, prisade den naturliga skönheten i prärielandskapet och propagerade för anpassning av växtval till givna naturmiljöer, men han ansåg också att trädgårdar "i germansk stil" passade amerikaner bättre än en asiatisk...

Många växter som vi idag uppfattar som inhemska är i själva verket utrikiska invandrare. Löjtnantshjärtat tror vi är en gammal svensk bondväxt, men den kom till Sverige så sent som på 1800-talet. Tänk er att Invandrarverket plötsligt skulle få för sig att utvisa buxbom och rhododendron?

Som trädgårdsmänniska är man nyfiken. Man provar och experimenterar, tänjer gränser och testar

82

nyheter. Kanske är den här sorten bättre än den jag hade ifjol? Denna positiva drivkraft kan bevara oss från växtprotektionism.

Naturalismens intentioner kan tolkas så att användandet av för oss självklara växter ur den omgivande naturen både kan inspirera oss till att utveckla en lokal trädgårdskonst som framhäver alla växter som passar klimatet och jordmånen, och att vi dessutom kan agera blomstersamariter och rädda växter som är utrotningshotade i naturen genom att odla dem i våra trädgårdar.

För kanske är rallarrosfält inte alls självklara imorgon. Kanske blir fjällängar med smörboll, stormhatt, ormbunkar och älggräs ett minne blott, om klimatet förändras så att skogsgränsen förflyttas allt längre norrut. I mitt pocketfjäll frodas fjällvallmo, fjällsippa och rosenrot, och jag gläds åt att kunna erbjuda dem en fristad i min trädgård.

Samtidigt säger jag hej och välkommen till blatteblommor som blek klocklilja från Kina och blå bergvallmo från Himalaja. Multikultiträdgård - ja tack!

22. En "trädgårdista"?

Än en gång stänger jag av tv:n med en suck av
tillfredsställelse. Fullständigt nöjd, inspirerad
och till och med lite klokare än jag var innan. Nu tror
ni väl att jag inte är riktigt frisk. Ett sådant program
existerar väl ändå inte i dumburken? Jo, faktiskt. Jag
har nämligen sett ännu ett avsnitt av Gardeners'
World. Engelsk trädgårds-tv med klass.

Man kan undra över vad det är som får mig att
nästan falla i trans och fälla tårar av lycka. Inte är det
Monty Dons charm som får mig på fall. Hellre då
hans resonerande sätt i serien Världens trädgårdar att
ställa frågor till sig själv om vad som kännetecknar
några av världens främsta trädgårdar, och hur träd-
gårdarna speglar och är ett uttryck för landets eller
regionens kultur. Frågor som öppnar upp för eget
reflekterande över min egen omgivande lappländska
trädgårdskultur.

Men i båda programfallen handlar det främst om
attityden till både ämnet och tittarna. För det här är
program som förutsätter att jag som tittare både är
intresserad och har kunskap om ämnet, och som
närmar sig detta på ett seriöst sätt. Som tar odlande på
allvar utan att bli knäckebrödstorr.

Gardeners' World dyker promt rakt ner i myllan,
det syns redan i intro och vinjett. Här är det ingen
stämningsmusik eller myslogga. Nej, pang på röd-
betan direkt. När man pratar om en växt kommer, läs
och häpna, sagda växt upp i bild och dessutom med
fullständigt vetenskapligt namn. Programmet får både

84

med praktiska exempel på aktiviteter i den egna trädgården såväl som arrangemang runt om i landet. Och det visas på bästa sändningstid.

Monty, Carol, Rachel och Joe är kunniga personligheter som strör visdom runt sig i snart sagt varenda mening. De sprudlar av entusiasm samtidigt som de lyckas förmedla kloka råd i samma energiska takt. Deras jordiga fingrar hanterar vant sköra små plantor, medan de i en bisats förklarar varför de gör si eller så. Även den fotomodellsköna programledaren hugger i med spade och sekatör. Här solas det icke, eller dricks te halva programtiden. Joe lämnar till och med sin nytappade öl för att gå vidare till resten av idéutställningarna...

När jag funderar på vad som djupast ligger bakom hur trädgårds-tv utformas i England, undrar jag om det inte nyckeln finns att hitta i språket. En engelsman är en *gardener*, oavsett om det bakom begreppet döljer sig en landskapsarkitekt, hortonom eller helt vanlig tant med gröna fingrar.

Även på tyska är man *Gärtner*, vilket inte säger någonting om yrke eller utbildning, medan svensken i valhänt brist på bättre begrepp får kalla de flesta som odlar för trädgårdsmästare. "Trädgårdista" - nja, kanske inte. I England sysslar man med *gardening*, och på tyska med *gärtnern*. På svenska heter det trädgårds-*arbete*...! Men framför allt: på engelska pratar man om hortikultur.

Trots att själva ordet kultur betyder odla, lyser odlandet med sin frånvaro i svenska kulturella sammanhang. Söker man på kulturtidskrifter visar det sig att fotografi, arkeologi, historia, ja till och med släktforskning, finns som egna kategorier.

Trädgård hittar man däremot under rubriken Hem & Hushåll. Trots att det heter trädgårdsarbete, något som antyder allvar och plikt, behandlas trädgård i Sverige märkligt nog som något trivialt. Något som fruntimmer i medelåldern kan ägna sig åt. Pyssel och pynt. Idrott däremot tas på blodigt allvar. Sport är seriöst.

Umeå har utsetts till Europas Kulturhuvudstad 2014. Bland planerna hittar man musik, teater, konst, dans, film... Men hortikulturen då? Nej, den står visst inte på dagordningen. Om man inte räknar in Ulf Nordfjells omgestaltning av Rådhusparken som ska stå klar till 2014 förstås.

Desto mera självklart då att Riksförbundet Svensk Trädgård planerar att förlägga sitt sommarmöte till Umeå 2014, med samisk blomsterinspiration på Lapplands Kulturbotaniska Trädgård i Lycksele som extra attraktion. Kulturhuvudstadsåret skulle kunna sätta hortikulturen på den svenska kulturkartan. Men än så länge får engelsk hortikultur på tv duga.

23. Maratonodling

Det är något speciellt med trädgård. Det är ett intresse för precis hela livet, ända från starten som en pust pollen till slutet som kompost. Eller som aska på vinbärsbuskarna. Man är aldrig för ung eller för gammal för att odla. Det är alltid rätt, om än inte alltid modernt.

Ifjol höll jag en kurs i trädgårdsdesign på Kulturbotan, Lapplands Kulturbotaniska Trädgård, i Lycksele. En av dem som anmälde sig var Fred. Vid 95 år fyllda tyckte han det var dags att lära sig något om trädgårdsdesign. Till saken hör att Fred var den som startade Lycksele handelsträdgård på 1950-talet, och alltså har arbetat med växter hela sitt liv. Han arbetar där fortfarande. Plantor går ju utmärkt att transportera på rullatorn.

När jag frågade honom varför han anmält sig till kursen blev svaret "Ja, du förstår, jag är så nyfiken". Att höra honom diskutera odlandets glädjeämnen och vedermödor med Linnea, drygt 20 år, var en ren fröjd.

En annan som dyker upp på nästan alla aktiviteter i Lappmarkens trädgårdssällskap är Freja. Hon har nu fyllt sex år, men har hängt med sin mamma på trädgårdaktiviteter sedan hon var bebis. Vi ser henne som vår ordförande in spe. Och Freja odlar minsann själv också. I hennes trädgårdsland växer potatisen 'Ariel', ärtan 'Grötom', broccoli, morötter och några solrosor.

Freja äter grönsaker med stor aptit, men hon är en kräsen gourmet. Några köpetomater nedlåter hon sig verkligen inte till att stoppa i munnen. Favoritmåltiden är en omelett med brännässla, svinmålla, persilja, gräslöksblommor, kokt potatis, kanske lite bacon, salt och peppar - alltsammans toppat med lite ringblomsströssel! Ja, jag sa ju att tösen är kulinariskt lagd.

Ändå kan man lätt få intrycket att trädgården bara är en banal pyntverkstad för klimakterietanter. Fast kanske är det inte så konstigt att trädgårdsintresset ofta vaknar mitt i livet. Kanske fyller trädgård samma funktion för medelålders kvinnor som maratonlöpning för dito män.

Kring fyrtioårsstrecket börjar karlar alltså att springa och fruntimmer att odla. Männen får bevis på att kraft och styrka inte försvunnit trots mage och skallighet, kvinnorna får bekräftelse på att de fortfarande är behövda när de kan vårda småplantor istället för småbarn. Och trädgårdsskapande ger utlopp för kreativitet på samma sätt som handarbete. Man väver en rabatt i stället för en matta.

Nu väller en ny odlarvåg fram där det främst är unga som surfar fram i trädgårdslanden med hög fart. Engagerade och ansvarskännande unga föräldrar som inte vill bjuda barnen på förgiftad mat med tillsatser och som inte vill ha ett liv baserat på konsumtion. De gerillaodlar i förorterna, har höns på innergården och precis som Freja upptäcker de hur ljuvligt tomater egentligen ska smaka.

För många blir löpningen och odlandet bara en övergående period, något som hjälper en genom en jobbig omställningsperiod i livet. Men för andra blir löpträning och trädgårdsgrävande något kvarstående. Kanske har man upptäckt att det gett något mer än fysisk ork, bättre hälsa och nyttigare matvanor. Det har blivit något som ger djupare mening och balans i tillvaron. En ren livsnödvändighet.

Själv var jag varken småbarnsförälder eller medelålders tant, mera i någon slags mellanmjölksålder, när trädgården trädde in i mitt liv och förändrade det totalt. Odlandet var i början mest en sorgeterapi, men blev snabbt något mer. Något som fyllde dagar och nätter, och dessutom mitt huvud. Som tömde plånboken men fyllde livet med spännande nya gröna bekantskaper. Som gav mig ett nytt yrkesliv men framför allt mötet med en person som delade intresset för odlandets alla mysterier, och gärna ville ha skottkärra och ogräs ihop med mig. Knappt tio år senare har trädgården för oss blivit ett gemensamt livsföretag som sysselsätter oss jämt.

Trädgård är alltså allt annat än banalt. Avsett om man är pantertant, snorvalp eller busfrö - för att odla har man alltid rätt ålder.

Förresten - sa jag att min husman också sprang maraton? Fast inte som tecken på fyrtioårskris. Både det och trädgårdsodlingen började han med redan som mellanmjölksman...

24. Den självskötande trädgården

Föreställ dig scenen: I en köksaffär står ett par och radar upp sina krav. Kyl och frys försedd med vattendispenser, automatisk avfrostning och ismaskin. Diskmaskin utrustad med snabbprogram, turbotorkning och vinglasställ. Kaffemaskin, råsaftscentrifug, glassmaskin, riskokare och avfallskvarn i vasken. Spisen ska ha induktionshäll, pyrolysrengörande multifunktionsugn med roterande grillspett, restvärmeindikering och timerfunktion.

Allt förpackat i en tidlös och elegant design, och med bästa möjliga energiklassning (det är ett miljömedvetet par detta). En uppsättning kändiskokböcker förväntas givetvis ingå i utrustningskittet.

I denna närmast oändliga finessönskelista kommer de så fram till det absoluta slutkravet: i detta exklusiva superkök ska maten naturligtvis laga sig själv. Ett *Sesam!* är allt som behövs. Bord, duka dig själv! Porslin, diska dig själv!

Visst låter det löjligt. De vill ha alla tänkbara finesser och lägger ner hutlöst mycket pengar på detta. Men *maten*, som ändå är själva målet för verksamheten, det som ska produceras i denna för ändamålet avsedda lokal, ska liksom materialisera sig ur tomma intet. Köttbullarna ska inkarneras och anta fysisk gestalt bara genom att köttfärs, lök och ägg står i kylen.

Så verkar det vara med trädgård också. Vi vill ha precis allt. Det ska finnas blomsterrabatter och fruktträd, formklippta häckar och damm. Flera sittplatser och utekök. Växthus, eller ännu hellre vinterträdgård eller orangeri, och gräsmatta för lek och spel. Och självklart grönsaksland, för givetvis vill vi äta egenodlad mat.

Men ingen ska ägna den minsta tid åt detta. Blommorna ska prestera hela sommaren utan vatten och näring. Lagom många äpplen ska mogna och rulla in i förrådet på egen hand, men utan att träden behöver beskäras. Häcken ska vara perfekt klippt utan att någon behöver lyfta häcksaxen. Dammen ska rensa sig själv, och för den trista gräsklippningen inköps en robot. Morot - gallra dig själv! Och potatisen ska hoppa upp ur jorden för egen maskin. Inga sjukdomar, inga skadedjur ska någonsin visa sig i denna den bästa av trädgårdar. Och trädgårdsböcker läser vi som seriemagasin.

Den ekvationen går förstås inte ihop. Den självskötande trädgården finns inte. Ingen kan säga "Varde trädgård", och det blir trädgård. En trädgård uppstår och fortlever genom vår aktiva medverkan. Utan ett vakande öga och en vårdande hand kommer den snabbt att urarta och resultatet blir knappast den där exklusiva drömträdgården vi investerade så mycket i. Det går an att ha ett skrytkök. Om man inte använder glassmaskinen så syns det inte. Men en skrytträdgård som inte vårdas, det märks omgående.

Man kan däremot få en lättskött trädgård med noggrann planering och växter som gillar platsen, om man väljer bort kinkputtar och skötselintensiva element, och utgår från sina egna behov och förutsättningar. Inte drömmens, inte grannens, inte reklamens. För det krävs att man är ärlig mot sig själv. Jag kanske

91

drömmer om prunkande grönsaksland, men har jag den tid och noggrannhet som krävs för att sköta den så att resultatet blir det önskade?

För mig handlar det också om vad vi väljer att fylla vår tid med. Och jag tycker att vi missar något väsentligt när vi vill ha allt men inte vill ägna tid åt att sköta (eller laga). Nämligen att odling (eller matlagning) inte handlar om att ha eller köpa, utan om att göra. Diskning och ogräsrensning är kanske inte så kul, men erbjuder gratis meditationspass. Som någon sa: *Gardening is cheaper than therapy, and you get tomatoes.* Att odla är billigare än gå i terapi, och du får dessutom tomater.

Av prima råvaror kan man laga en utsökt måltid om man så bara är utrustad med en Muurikka ute på fjället. Likaväl kan man värma en fryspizza i ett lyxkök. Vanliga bonnväxter kan skapa en magisk trädgård, likaväl som en trädgård med extra allt kan kännas själlös.

Det är inte dräkten som gör munken, grytan som gör soppan och rosen som gör trädgården, utan att jag fyller allt detta med min omsorg och närvaro. Då blir också en kopparkastrull äkta och trovärdig.

En hortikulturell bildningsresa

25. Inte bara bergenia

Ett tag trodde jag nästan att bergenian var Lapplands landskapsblomma. Här växer den nämligen precis överallt, i varenda trädgård. Jag skämtar inte. Lappland är fullständigt överbelamrat av bergenia. På längden och tvären. Enformiga slänter där ögat intet annat skådar utom bergenia. Inte undra på att man drabbas av bergeniakoma av en sådan överdos. Min första kurs i Lappmarkens trädgårdssällskap fick därför heta "inte bara bergenia" med mottot att lyfta fram andra perenna växtalternativ. Men det finns metoder att hantera sin allergi på. Tro mig, jag är expert!

Trots att det alltså redan finns hektarvis med bergenia i Lappland bestämde jag mig, på pin kiv, för att använda den i utformningen av rabatterna på Kulturbotan, Lapplands Kulturbotaniska Trädgård, i Lycksele. Dit skänktes flera gamla sorter, och det fanns stora skillnader mellan dem när det gällde blommornas och bladens utseende.

Det var rent rörande att se hur Blomster-Lottas pyttebergenia från Ammarnäs, som stått och tryckt vid skiffermuren sedan trädgården vuxit igen, nu blev toklycklig över att komma i riktig jord och raskt anta normalt format. Från Pauträsk kom inte bara en kasse full av bergeniaplantor, utan också en kopia av kvittot från 1936. Fem plantor hade kostat en krona och femtio öre. Fast Kulturbotan fick sina helt gratis.

Men kanske var det när vi inventerade trädgården vid Nydala som omvändelsen kom. Här klättrade bergenian uppför enorma stenblock tillsammans med ormbunkar och mossa, och väckte känslan av att befinna sig i en john-bauersk trollskog. En sak är säker: bergenian är närmast omöjlig att dräpa. Hopp-lösa-platser-räddare alltså! Sol eller skugga, torrt eller fuktigt verkar inte spela någon större roll. Men sorter med höstfärg får starkare nyanser om de står soligt.

På engelska kallas bergenian för *Elephant's ear*, elefantöra, vilket ju känns rätt logiskt. Mera fantasi-fullt är smeknamnet *Pig squeak*, grisskrik, vilket lär komma sig av ljudet som uppstår när man gnider de glansiga bladen. Det ska testas! Det officiella namnet *Bergenia* har den fått efter den tyske 1700-talsbotan-isten Karl August von Bergen.

Bergenian var en av Gertrude Jekylls favorit-växter. Hon använde den ofta som inramning och som kantväxt mot stengångar för att mjuka upp det form-ella intrycket. Men blaskiga blommor kunde knipsas bort så att bladverket fick framträda istället! Även Karl Foerster gillade bergenian. Den hörde till kate-gorin *Langspielplatten*, LP-skivor, växter som varade länge. I hans trädgård har jag sett sorten 'Doppel-gänger', dubbelgångare, som blommar om på hösten.

Det ultimata sättet att hotta upp den enahanda bergeniakosten är att rensa bort en tredjedel och kom-binera återstoden med annorlunda bladverk. *It takes two to tango* - det är bristen på dansmoatjé som gör den så trist. Graciösa smala blad, som iris, daglilja, grönlilja eller blåtåtel, gör underverk med kavaljeren. Fjällkåpans fingrade blad med silverkant är en bra kontrast, liksom den lokala ängsnävan 'Bosses Mörka Jätte' med blad skiftande i purpurrött och olivgrönt.

96

Fick jag lov att omdesigna församlingsgårdsslänten i Lycksele skulle bergenia-massplanteringen få stråk av sirliga dagliljor och strama irisar!

Den ensidiga bergeniadieten kan också varieras genom att välja sorter med särskilda egenskaper. 'Vinterglöd' är en av svenske Magnus B. Nilssons kreationer, som får intensivt lysande röda blad om hösten. Fast i Lappland har man inte så stor nytta av den julröda vinterfärgen. Då är den nämligen helt översnöad...

Bergenia ciliata, strävbergenia, har ludna blad och röda stjälkar. Förra året hittade jag den hos lökfirman Botanicus. Det finns vitblommande sorter, som 'Bressingham White', och nu har det även kommit gulbladiga sorter. Själv betraktar jag gulbladigt med viss skepsis, eftersom de ofta ser ut att lida av någon obehaglig sjukdom eller näringsbrist. Men kanske slår jag till med en 'Lunar Glow' ändå, att träna bort min bergeniafobi med...

Få se, har bergenian varit utsedd till Årets Perenn? Inte? Då är det definitivt dags. Viva bergenia!

26. Inte bara tagetes

Om det finns en enda blomma som sym-
boliserar 1970-talets trädgårdar så måste det
vara tagetes. Åtminstone för min del har tagetesen
lämnat bestående trädgårdsminnesintryck från min
barndom. Rader av tagetes; små kuddar och stora
bollar; gula, orange, rödbruna; omgivna av lika stela
ageratum, lejongap och gladiolus. Jag fick kort sagt en
tagetesöverdos. Tålde inte se dem, än mindre ha dem i
trädgården.

Ironiskt nog var det med tagetes min blivande
husman försökte förföra mig. Han ville förstås göra
intryck på mig, trädgårdssällskapets ordförande, med
sin storartade odlarkonst. Stolt förevisade han alltså
sina krukor och båten som han planterat full med -
tagetes... Det uppvaktningsknepet kunde ha gått riktigt
åt skogen. Att vår relation överlevde chocken var nog
bara för att förhållandet så att säga redan var instiftat i
himlen!

Tre små ting fick mig så småningom på andra
tagetestankar. Gunnel Carlson tog det första steget till
att göra mig till en bättre människa på tagetesfronten.
Hon gav mig nämligen en påse med frön till Linné-
tagetes, för eftersom jag sysslade så mycket med
kulturarvsväxter tyckte hon att jag borde odla just den,
då den faktiskt har anor från 1700-talet. Med den
motiveringen (och Gunnels pondus) var det förstås
svårt att stå emot.

Något senare besökte vi en höst Enköpings parker
och i en av studenternas trädgårdar fanns en otroligt
vacker plantering där styva tageteskuddar parats ihop

med luftigt svansfjädergräs. En komposition som totalt förändrade synen på tagetesens inneboende möjligheter!

Men till slut var det vår husfärg som fick mig att kapitulera och bjuda in tagetes till min trädgård. Till den ockragula fasaden med bruna detaljer var det bara växter i orange, koppar och purpurbladigt som gjorde sig själva och huset rättvisa. För en lilaälskare som jag var det bara att bita ihop och leta orange växter. Gissa vilken blomma jag stötte på först?

Så nu har jag försiktigt börjat vänja mig vid tagetes i mindre doser för att hantera min tagetesallergi. Men jag har fortfarande ett definitivt krav: de måste ha en enhetlig färg på blommorna. Jag avskyr mixade färgblandningar.

Kryddtagetes, *Tagetes tenuifolia*, visade sig vara en riktig hit. Den har en tät och kompakt form, blommar hela sommaren och lämnar inga blöta överblommade blaffor efter sig utan städar sig själv. Suverän! Jag har redan köpt in frön till tre olika sorter för detta år. Här ska det bli tagetesfrossa på terrassen! Sorten 'Honeycomb' får också godkänt.

Och så förstås 'Jolly Jester' - en kulturarvssort från 1700-talet. Den är lite högre och växer mera luftigt och spretigt så den passar fint ihop med något prydnadsgräs alternativt stram blodröd syddracena, *Cordyline*, pärlhirs eller nyzeeländskt lin.

På Kulturbotan, Lapplands Kulturbotaniska Trädgård, i Lycksele har vi en enda plantering med sommarblommor. Det är den så kallade Solromben, som hämtat sin inspiration från samisk kultur. Romben i mitten på den samiska trumman symboliserar solen, och överförd till trädgårdsform uttrycks solens värme och glöd i starka, varma, orange nyanser. Där passar tagetesen perfekt för ändamålet. Förra årets plantering blev dessvärre tämligen misslyckad. Den kalla och våta våren och sommaren gjorde att plantorna växte bakåt och krympte i tvätten. Jo, det är sant. En månad efter utplantering var de mindre än när vi satte ut dem... Allt blir inte alltid som man planerat, det vet alla trädgårdsmästare!

Nu är spänningen olidlig: ska jag också hemfalla åt att odla petunia? För lika tydligt som jag minns tagetesrabatterna så kommer jag ihåg farmors betongkrukor med petunior i en salig färgkompott. De kladdiga blommorna tyckte jag då och tycker fortfarande känns äckliga.

Men det finns ju en sort som är lila med blå ådror. Och en ny polkagrisrosa med fransig kant. Kanske jag ändå skulle våga mig på ett litet försök? Bara en enda kruka förstås, på prov. För tänk om jag plötsligt förvandlas till en petuniatant som odlar svarta petunior, rödbladig batat och orange tagetes - hjälp!

27. Inte bara mandelpotatis

Man skulle kunna tro att lapplänningen i gemen har grönsaksfobi. Mandelpotatis är den enda gröda som odlas och konsumeras allmänt, men efter nya kändisdieter har också den orättvist hamnat i vanrykte och är numera svartlistad kost för många. Morötter går förvisso också an, de serveras då rårivna utan en enda droppe dressing. Kanske några tomatklyftor och ett sallatsblad. Men det är också allt.

Ändå har det inte alltid varit så. Historiskt sett har man odlat massor av grönsaker i lappmarken. I museets bildbank finns foton av enorma kålland i Vilhelmina, och deltagare på odlingskurs poserar med jättelika vitkålshuvuden och gigantiska morötter. Prästen Lars Levi Laestadius berättar om sin halvbrors odling i Kvikkjokk: morötter, rödbetor, palsternackor, spenat, sallat, matrabarber, rovor, kålrabbi, kålrötter, korn, och potatis förstås.

Landshövding Gustav Rosén skröt hej vilt med sina västerbottniska odlingsresultat. Han skickade äppellådor till tidningsredaktioner i Stockholm och kappodlade sockerbetor med en skåning - och vann förstås överläget med sina midnattssolsdopade exemplar.

Sett mot det lappländska genomsnittet var mitt eget förhållande till grönt tämligen välutvecklat. Mina föräldrar odlade mycket och mangold var min favorit. Konsistensen på ärter har jag däremot alltid haft svårt att förlika mig med. Bönsallad, haricot verts med lök och vinägrett, lärde jag mig älska som tonåring på

101

besök i Tyskland. Fast nog måste jag erkänna att det oftare var grönsakerna som var tillbehör till köttet än tvärtom på min tallrik.

Men så blev jag med grönsaksman. En som lever enligt devisen "Det man vill äta ska man också i möjligaste mån odla". Därmed blev jag av kärlek tvingad till en radikalare kostomvändelse, av överlevnadsskäl om inte annat. Det visade sig dock snabbt att det fanns vissa luckor i min vegetariska bildning. Nu kommer det pinsamma: jag är fullständig analfabet när det gäller matnyttig odling!

Som nykär skulle jag givetvis impa och visa hur duktig jag odlare jag var. Så jag sådde tomater. Det fanns gott om frön så jag sådde många. "Har du sått smörgåskrasse?" undrade han. Jag sådde timjan också och ställde in i det varma skåpet vid vedspisen. "Dom är ljusgroende" blev kommentaren. Det är sannerligen inte lätt att leva upp till gurustatus med en sådan husman.

Att komma hem med frön till purjolökssorten 'Herbstriesen 2' är inte heller uppskattat. En långsamt växande vintersort som söderut står kvar i landet under senhösten och förvintern, men som inte passar för en kort lappländsk sommar. Att odla mat i Lappland kräver inte så lite kunskap, och till basvetenskapen hör att välja sorter som utvecklas snabbt, klarar kyliga nätter och inte går i blom av dygnetruntsolen.

Jag ställer alltså bara till det när jag hjälper till. Egentligen borde jag nog ha tillträdesförbud i köksträdgården. Men storsint som jag är har jag kapitulerat och erkänt mig besegrad. Jag har mött min *Übergärtner*. Ja, på köksträdgårdsområdet alltså.

102

Att laga till grödorna klarar jag åtminstone hyfsat. Min gom har dessvärre blivit så skolad och kräsen, att jag numera blir tokdeprimerad av det mesta som serveras i grönsaksväg utanför det egna kökets väggar. Grönsaksdisken i affären kan nästan få mig att gråta. Ekologisk frukt gömmer de på hyllan längst ner vid golvet, och klagar sedan över att den inte blir såld. Sådan tur att jag har egen leverantör av det mesta! Jag prenumererar på husmannens grönsakslådor och får dem levererade ända in i köket.

Nu mäter jag lycka i antalet lökknippen, rödbets-burkar och infrysta selleriförpackningar. Frossar i grönkål, blir lyrisk av färskpressad vinbärsdricka, och har blivit surkålsberoende. Och en sådan bönsallad som jag numera blir serverad fick jag då aldrig maken till där i Bayern! Fast oss emellan - det är inte helt fel med en älgbratwurst till grönkålen. På så sätt blir dieten också lite mera lappländskt korrekt.

28. Inte bara gult

Att gult är fult lär man sig redan som barn, och när mitt gröna trädgårdsliv tog sin början var gula blommor närmast bannlysta. Jag orkade bara inte med några flåshurtigt solglada och käckt positiva blommor, hade mest av allt lust att väsa åt dem "stå inte där och flina". Nej, för färgpolisen Mattsson gällde en lugn och sval färgskala i sobert och vilsamt lila.

Det kunde nog ha förblivit så, om nu inte kärleken drabbat mig och fått mig att ta mitt pick och pack för att flytta in i trädgård nummer två - och brutalt konfronteras med därtill hörande hus med ockragul plåtfasad med bruna knutar. Första året var jag som förlamad. Hur i hela friden skulle jag kunna göra en trädgård här, mot den hemska bakgrunden?

Men fulgula husfärgen blev en välsignelse, för den har fostrat min trädgårdssjäl så att jag har rättat mig efter omständigheterna, och tvingat mig att omvärdera gult. I vår tids utbredda missnöjeskultur som resulterar i ständig shopping av förändringsobjekt som raskt tillfredsställer alla mina nypåfunna nycker, har det varit väldigt nyttigt att behöva acceptera vissa förutsättningar och därefter göra det bästa av situationen.

I mitt fall innebar det att börja förhålla mig mera konstruktivt till problemet och välja växter som kunde harmoniera med gulbrunt. Det blev växter i varma, ockragula och orange toner med mörkrött bladverk. Färger som vi gärna förknippar med höst, skörd och mognad. Här mot huset växer nu en varmgul daglilja med brun baksida tillsammans med en buskig söttörel, brungul klocklilja, guldlysing, två irisar i gulbrunt, liljor samt gulrosen 'Harison's Yellow'. Och tagetes, inte att förglömma. Hus och växter gör varandra rättvisa. Och jag är nöjd.

Tack vare processen har mina ögons känslighet för gult avtagit, och beredskapen att integrera vissa gulglada växter i mitt liv tilltagit. Jag tål häftigare färger idag, vilket till stor del beror på landskapets inverkan. När man som jag är omgiven av ett storslaget landskap med vida barrskogar i en tystlåten och återhållsam färgskala, så blir trädgården en färgstark kontrast till detta. Maximalism är ett typiskt karaktärsdrag i den lappländska trädgårdsstilen! I bullrig storstadsmiljö blir behovet förstås det omvända. Där är det hellre stilla och lugna trädgårdsmiljöer som önskas.

Den som lider av allergi mot gult kan gärna börja att träna sig i köksträdgården. Där är det rätt välkommet med färgklickar så att det inte bara blir en frodig jämngrön massa. Prova att fota din köksträdgård så ser du problemet.

Med några knallgula mangoldstjälkar av sorten 'Bright Yellow' och spröda gula ärtskidor av sorten 'Märta' blir köksträdgården genast lite piggare.

Nästa steg kan vara att närma sig växter i blekt ljusgula nyanser. De är lätta att använda i trädgården och är en bra kombo till lila, purpur, blått, vitt och rosa. Några av mina blekgula favoriter har blivit månskensklöver, daggruta, blekgul klocklilja, julrosen 'Gelber Schmetterling' och den smäckra sydstormhatten. Syrligt fräscha lime- eller svavelgula färger är också tacksamma övningsobjekt. Gulltörel, daggkåpa

105

och fjällvallmo är lika lätta att kombinera med som de månskensgula.

Nu när det är dags att planera för vårträdgården har jag bestämt mig för att ta det sista djärva steget. Det som ska bli dödsstöten för min gulskräck. Jag har beställt femhundra narcisslökar - i solgult. Jag har insett att efter en sex månaders färgfasta i en enbart vit vintervärld så är det inte direkt *vita* vårblommor man längtar efter. Behovet av klara färger är större och mera acceptabelt. Ja, det är med glädje jag hälsar maskrosängen välkommen!

Narcissen är en symbol för uppståndelsen. Mina gula påskliljor i slänterna kommer att annonsera att mitt liv som gulhatare är över, och att jag har uppstått till ett nytt och bättre trädgårdsliv. Ja, när vi nyligen byggde växthus så valde jag faktiskt aluminium-profiler i brunt - bara för att det skulle passa så bra ihop med det ockragula huset med sina bruna knutar. Ny fasad - aldrig i livet!

29. Inte bara björk

När det gäller träd och buskar är det verkligen ingen match att plocka fram personliga hatobjekt. Till mitt första, och hetaste, räknas en mycket speciell norrländsk variant av ett vanligt lövträd. För finns det något mera vederstyggligt än formklippta björkar?!

I mina trakter dyker dessa stympade och våldtagna björkjungfrur upp överallt. Jag har lidelsefullt avskytt och föraktat dessa. Men studierna i trädgårdshistoria förändrade dramatiskt min bild av dem. De hamnade plötsligt i ett nytt och förklarat sken när jag såg parallellen till barockens vurm för formklippning som ett uttryck för människans vilja att demonstrera sin makt över naturen.

För den som slåss mot vildmarken är häcksax och motorsåg övertygande tortyrinstrument, och för den som icke gives buxbom att tukta återstår - björk. Numera tolkar jag detta som ett utslag av lappbarock! En blomsterbekant har just gett sig på att skapa en lyxvariant av finsk rödbjörk. Hmm, kanske är det inte helt galet ändå med formklippt björk...

Det finns fler vedartade växter att projicera sin ilska på. Vide till exempel. "Förbaskade sly!" muttrade farfar, pappa, bröder och husman när de kämpat för att hålla fritt från infiltratörerna. Jag kunde inte annat än att instämma i klagokören. Som get- och fåralös är kampen mot vide ett sisyfosarbete. Så fort man vänder ryggen till har det glatt växt upp igen. Saliga äro de röjsågslösa, ty de skola hava sly i överflöd.

Men detta var förstås innan jag blev en bättre träd-gårdsmänniska, som insåg värdet och möjligheterna med det underskattade *Salix*-släktet. Att sälgen server-ar en livsviktig aperitif på humlornas vårparty bevek-ade mitt sinnelag en smula. Att sagda ogräs visade sig vara en ständigt förnyad källa som leverantör av gratis material till flätstaket gjorde mig ännu mera försonligt inställd. Och när jag bland det som jag först sett som banalt sly hittade superstylade arter och sorter som lämpade sig perfekt för allehanda trädgårdsfestlig-heter, då var omsvängningen ett faktum.

Låt mig få rikta fokus på några viden i galadräkt som är lämpliga för garden partys. Först gör den majestätiska silverpilen entré. Tomterna i Lappland har gott om svängrum, så storleken på denna stiliga kavaljer i grå kostym är inget problem. Kan vid behov tuktas till mindre format och omskolas till härdig oliv-kopia. Snygg kombo till blågran och finsk rödbjörk.

Lika silvergrå men låg, mjukluddig och knubbigt hjulbent är ullvidet som gärna kommer till balen i stolt sällskap av en purpurfärgad daggros. Det bladmässigt slankare och blankare lappvidet kan eskortera en dvärgväxande blågran eller rödbladig smällspirea. Dess lurviga videkissar är som dyrbara vårblomster-smycken.

Klotpilen har efter plantering *en masse* blivit en tråkmånsväxt och får därför inget inbjudningskort. Krypvidet ställer jag på reservlistan. Hängsälg är en klimattuffare partyknutte än man tror, medan skruv-pilen tyvärr fogar sig i sin zonangivelse och lydigt tvärdör innan sitt soloframträdande. Ingen vits att bjuda in den alltså. 'Brekkavier'-videt tror att det är

maskerad och uppträder med den äran som buxbom-
falsarium, medan det ljuvligt vackert ådrade nätvidet
endast blygt smyger över salströskeln.

Men kvällens dansante kronprins är ändå mandel-
pilen, *Salix triandra*. Vi möttes en gång i Torneå
arboretum och jag förälskade mig i dess flagnande
bark och sirliga grenar som hängde ut över vattnet.
När ska jag äntligen få dansa en stilla maskeradbals-
vals med dig mandelpilsprins, och du låter bark-
masken falla...

Min omvändelse när det gäller björk och vide har
kanske gått till överdrift åt andra hållet. Inte nog med
att jag inköpt och planterat en dvärgbjörk, att jag
tvättar håret i björkbladsavkok, rotar sticklingar i
salixvatten och funderar på om man ska knapra på en
salixgren som bot mot tandvärken enligt mottot att var
och en blir salix på sin tro.

Nu håller jag utkik på sommarens auktioner efter
Stig Lindbergs koppar med motiven *Salix* och *Betula*.
Hittar jag dem blir jag nog alldeles salix...!

109

30. Inte bara gräsmatta

Om gräsmattor tycker jag inte. Jag säger som japanen som besökte engelska trädgårdar med enorma gräsmattor och yttrade: det här kan bara göra en ko lycklig. Fast jag byter ut kon mot en gubbe. Gräsklippning verkar vara en manlig åkomma, en stresshanteringsmetod och skäl att skaffa ännu en maskin som för oväsen och luktar illa. Nej, tacka vet jag en handjagare, den är tystlåten och ger motion. Min husman går en mellanväg och traskar runt efter sin eldrivna apparat.

Det var när engelsmannen Budding 1830 omskolade en ullklippningsmaskin till gräsklippare som grinden öppnades för gräsmattornas ockupation av trädgårdarna. Gräsmatta på rulle och robotklippare har fortsatt utvecklingen.

Hur kan en gräsmatta definieras som lättskött? Få trädgårdsinslag är så omåttligt krävande. Men tiden på åkgräsklippare verkar inte räknas på samma sätt som ogräsrensning i rabatter. Med dagens allergi mot allt som andas måsten borde vi ersätta detta kravfyllda monster mot något som åtminstone ger oss någonting tillbaka i form av doft, höstfärg, frukt, bär och variation.

Gräsmattan är monoton, förutsägbar och alltid likadan. En steril, oproduktiv öken och ofta en ekologisk mardröm. I fuktigt engelskt klimat ett gnistrande smaragdsmycke, på andra ställen en svulst som förbrukar dyrbara vattendroppar som kunde användas för matproduktion och hygieniska behov.

Medan japaner ömt vårdar sin mossmatta, drar vi ut i mosskrig för att vertikulera och kalka. Till attack mot groblad och klöver med giftspruta, och ve den maskros som vågar blomma i gräsmattan! Torget i Storuman är ett kul undantag där picknickande familjer sitter på en gräsmatta full av tusenskönor.

Uppror mot gräsmattan är svårt, för den är laddad med symboler och uttryck för starka värden: god smak, status och välstånd. Hög moral, karaktär och gott medborgarskap. Demokrati, patriotism och nationell identitet. Symbol för medelklassens villaliv, 40-timmarsvecka, fritid och semester. Ett modernt liv, där det var slut med sylta och safta.

Man bör inte förvånas över att gräsmattan varit tema i allt från i filmer, som *The Great Gatsby*, till novellen *The Lawnmower Man* av Stephen King, samt gett namnet *Lawn Mower Backyard Brew* åt en burköl i käck retrostil! Idag har rörelsen *Grow food, not lawns* startat en välbehövlig motrevolution för att utnyttja stadsmark till något nyttigare än gräsmattor.

Jag har så svårt för gräsmattedyrkan. Som paus-musik mellan prunkande rabatter, ja. Som en fri yta för lek, spel och idrott, ok. Men som enda odlade inslag i en asfaltdjungel? Där buskar och träd är bann-lysta eller fördrivna till ytterkanten, eftersom de är i vägen för gräsklipparen. Jag har besökt pedantiska barockträdgårdar som hade varit olidligt tråkiga utan opportunistiska mullvadshögar i gräsmattan.

Öppna gräsytor lär inge samma trygghet som savannen. Men gräsmattan blir ofta ett uttryck för ängslighet, brist på idéer och inspiration hur ytan kunde användas mera kreativt, och ges ett personligt

111

och individualistiskt uttryck för en egen stil. Gräs-
mattan andas kollektivism, homogenitet och en jäm-
likhet till döds, där ingen ska sticka ut. En mellan-
mjölksstil.

Det finns undantag, där gräsmattor används på ett
innovativt och spännande sätt, som i Charles Jencks
hortikulturella tolkning där geometriskt terrasserade
gräsmattor utgör skulpturala, böljande etager som
härmar det omgivande skottska landskapet.

Och det finns alternativa växtmattor. Ulf Nordfjell
skapade en morisk vattenränna i en vitklövermatta i
SPA-parken i Umeå. Ulla Molins kattfotsmatta blev
berömd, liksom Vita Sackville-West persiskt inspirer-
ade timjansmatta.

I befolkningstäta Tyskland är en vildäng högsta
statusidealet. Lycklig den som har plats för en blom-
steräng! Hemma hos oss får bara en klippt gång
genom ängen markera skillnaden mellan natur och
kultur i landskapet.

Men två saker ska gräsmattan ändå ha ett erkänn-
ande för. Få saker ger så snabbt ett prydligt intryck
inför en trädgårdsvisning som att klippa gräset och
snygga till rabattkanter. Vilken tur då att vi har lite
gräsmatta kvar. Och husmannen, han ser gräsplätten
runt huset endast som leverantör av gräsklipp som
används som täckmaterial och gödning i trädgården!

Del II

Inte utan kultivator

*Fortsättning på
den hortikulturella bildningsresan*

31. Inte bara pelargoner

I början av januari kan jag sticka näsan i den första utslagna rosen för året och dra in den välbehagliga doften. Det är de båda kinesiska terosorna 'Anna-Sofia' och 'Mina', som kommit till mig via rosinventeringarna i lappmarken, som nu blommar i mitt fönster. De är underverk att njuta av, mitt i smällkalla vintern.

För en lapplänning är det faktiskt alldeles självklart att fönsterbrädesträdgården är precis lika viktig som utomhusvarianten, med tanke på att den sistnämnda ligger begravd under ett metertjockt snötäcke under halva odlingsåret. Ja, man skulle nog kunna säga att denna fönsterodling är avgörande för vår mentala odlarhälsa. Dessutom gäller det att hålla de gröna fingrarna lagom smutsbruna och i trim.

Sällan tänker vi på att det som är våra välbekanta krukväxter är någon annans härdiga uteväxt. I ett annat klimat är kamelia en stor buske och oliven ett träd. Tänk om vår fjällsippa vore en lyxkrukväxt i Indien!

Krukväxterna speglar modets skiften och vissa tidsepoker. En monstera präglade min 70-talsbarndom på ett fysiskt väldigt påtagligt sätt. Den gjorde verkligen skäl för namnet där den upptog halva vardagsrummet. Varje sommar lyckades min mamma och vår hjälpreda "Tanta" att med förenade krafter baxa ut monstret för dusch och omplantering.

Vi försökte oss aldrig på att omskola den till julgran, det hade annars varit väldigt praktiskt eftersom

117

det blev extremt trångt med både monster och gran i samma rum.

I mitt krukväxtminne lagrar jag också bilder av mormors spaljé med gullranka och illaluktande porslinsblomma, och farmors saintpaulior och *Streptocarpus*. Idel gamla välkända krukväxtbekanta.

I mitt eget tonårsrum odlade jag märkligt nog gardenior, av alla tänkbara krukväxter. De stod på ett lågt blombord bestående av en plåtlåda med lecakulor och belysning i form av två guldfärgade metallampor. Det var en utmaning att få butiksplantan att acklimatisera sig, inte tappa knopparna och göra sig kvitt de retarderingsmedelsrester som gjort plantan kompakt. När de väl klarat den övergångsfasen växte de bra och blommade om – ända tills de fick spinn. Då var det roliga slut för den plantan, och jag började strax om med en ny.

Numera försöker jag hålla mig till att sköta om de gamla insamlade kulturkrukväxter som hamnat här genom inventeringarna för POM, Programmet för Odlad Mångfald. Det är en tillräcklig utmaning att hålla liv i dessa värdefulla skatter som gått i arv och som jag nu fått förtroendet att förvalta i min tur.

Under lysröret i gästrummet huserar en rosa novemberkaktus och "Barnpigans julkaktus" med vackert röda bladkanter. Där står också en riktig blomsterantikvitet som kommer från konstnärshemmet Ricklundgården i Saxnäsfjällen. Det är en gulblommande och väldoftande kanariejasmin med läderartade mörkgröna blad. Emma Ricklund hade förmodligen haft med sig den hem från en resa till Medelhavsområdet. Ja, och så står de båda terosorna där förstås.

Men pelargoner, sådana aktar jag mig noga för. Jag känner tillräckligt många sansade personer, som intet ont anande börjat med några små pelargonsticklingar och raskt slutat som hagalna "pellis"-samlare med 300 övervintringskandidater som överbelamrar husets alla fönster under vintern. Nej, jag begränsar mig till en 1930-tals rosenpelargon från barnmorskan Hedda Johansson i Övra Sandsele samt en Doktor Westerlunds Hälsoblomma. Punkt.

Trots min bevarelsedrift åkte jag ändå dit i somras. På handelsträdgården i Stensele stod det ett gäng av doftpelargonen 'Lady Plymouth' med vitkantade grågröna blad. Just precis den där som Monty Don så målmedvetet skaffat sig på Chelsea Flower Show. Och Monty Don kan ju bara inte ha fel.

Dessutom är det en äkta 1800-talsdam, alltså en ren kulturgärning att odla i sitt fönster. Med sådana förnuftiga argument fick sagda adelsfröken följa med hem till mig.

Men nu är det stopp. Icke en enda pellis till. Jag lovar på heder och samvete. Kanske borde jag lämpligen svära denna ed vid en svärmorstunga?

32. Inte bara tulpaner

Ärligt talat – vem behöver tulpaner i sin trädgård? Inte jag i alla fall. Tulpaner är klart överskattade tycker jag. Allt det där lyriska om vårens stiliga budbärare är bara trams för en lapplänning. Här blommar de framåt midsommar, typ. Och då har redan en massa annat i perennväg börjat blomma, så vem har behov av tulpaner då? Helt värdelöst. Och att odla frukost till rådjuren intresserar mig inte heller.

Jag kan gå med på att det är en härlig känsla att gå in på handelsträdgården i Lycksele strax efter nyår, där lökarna fortfarande drivs upp i växthusen som i gamla goda tider och krispiga färska tulpaner skördas varje dag, och köpa med mig en bukett vårföraning. Dock icke färgmixad. En färg i taget, tack.

Numera uppskattar jag även ett sånt där skönt tulpanförfall i vas, à la Hannu Sarenström-fotografi. Den där nära-döden-processen när kronbladen förvandlats till blanka och frasiga korkskruvar av skört sidenpapper, strax innan de faller av och bara den vackra frökapseln står kvar. Den är ju faktiskt det mest estetiskt formsköna på hela tulpanen. Förutom den eleganta löken då. Kanske skulle jag bara odla tulpaner i form av lökar liggande på ett fat?

Mitt förhållande till lökväxter är tudelat. Krokusar brukar sluta som sorkmat. Någon blå våräng av scilla och vårstjärna har jag tråkigt nog aldrig kommit mig för att plantera. Enstaka snödroppar finns det i min trädgård, men de har varken varit tillräckligt många eller synliga för att förvandla mig till en besatt galanthofil. Och har man som jag levt med ängen av klosterliljor i Vadstena medeltida klosterträdgård nära inpå, så duger det förstås inte med någon liten tuva. Då sparar jag mig hellre till ett besök hos Birgittasystrarna för att få njuta av den äkta varan.

Ge mig däremot ett gäng stinkande och illaluktande klockliljelökar och jag faller raklång som en fura i stormen Hilde. Om man istället för tulpaner satsar på narcisser, *Allium* och *Fritillaria* riskerar man inte att dessa förvandlas enbart till sorkföda eller rådjursmåltid. Fjolårets nyplanterade dagglökar, *Allium flavum*, blev direkt en favorit. Späda och låga blommade de med svavelgula nickande klasar i juli. Ljuvliga!

Inte kan man klaga på variationen heller. Från kirgislökarnas stora lila bollar, azurlökens mindre blå till klotlökens vinröda trumpinnar. Inte helt fel om man också kan äta upp löken ifråga - gräslök med vanliga lila eller vita blommor blir en prydlig kantväxt, liksom den käcka luftlöken, där de svävande små lökbarnen dimper ner på jorden och raskt bildar nya plantor.

Klockliljor kan vara dramatiskt svarta, näpet bruna med gul kant eller elegant schackrutiga. De trivs alla hos mig, liksom gula storkroniga narcisser, medeltida doftande poetnarcisser, eller pingstliljor som de också kallas, och kyskt kritvita änglatårar.

Eftersom vi lapplänningar är förskonade från liljebaggar kan vi tokfrossa i liljelökar. Torpklassikern brandgul lilja och orange 'Loreto' med brunt gap matchar mitt fula gulbruna hus. Och den purpursvarta norrländska varianten av krollilja gör besökare svimfärdiga av begär. I höstas vågade jag mig på att gräva upp en lök och plocka fjäll till förökning. Om fem år har jag ett helt hav av svarta krolliljor. Då kan du slänga dig i väggen, tulpan!

Tulpanfestivalen i Backsjön utanför Sollefteå blev dock en liten omvändelse för en tulipanofobiker. Dit har det nämligen flyttat en spritt språngande tokig holländska, som börjat plantera tulpaner mitt ute i den norrländska barrskogen. Men inte några enstaka, utan tusentals. Nu är hon uppe i 60.000 tulpanlökar! Och fler ska det bli. Alla norrlänningar, som precis som jag inte etablerat någon riktig kärleksfull relation till tulpaner, kommer dit och häpnar. Färgsprakande tulpanfält – i Norrland!

Man borde nog bli lite mera tokig och plantera några tusen tulpanlökar. Nej förresten. Jag tror faktiskt att jag hellre åker tillbaka och tittar på föreställningen i Backsjön. Jag skulle helt enkelt inte stå ut med den där färgkakafonin här hos mig. Någon tulipanoman blir jag nog aldrig.

122

33. Inte bara Nina Weibull

Visserligen betraktar jag mig själv som en ros-
älskare, men det finns faktiskt tydliga
gränser för den kärleken. Rosor som kan hänföras till
avdelningen "kinkputterosor" ska raskt deporteras till
den soptunna där de bäst hör hemma.

Till kinkputtarnas skara räknar jag moderna sorter
som floribunda- och grandiflorarosor. Det är alla de
där storblommiga rosorna med ursprung bland te-
hybriderna som blev storsäljare från och med 1950-
talet, med välkända namn som 'Nina Weibull', 'Queen
Elisabeth' och 'Peace'. Låga rabattrosor i röda och gula
nyanser som passade funkisstil och villaområden.

Sådana får mig att minnas moster Ingrids lilla
kristallvas på hallbordet som alltid hade en elegant
och fräsch ros, nyss hämtad ur rabatten. Troligen var
det just en 'Nina Weibull'. Det vackra barndoms-
minnet till trots, så avskyr jag hjärtligt dessa roskrea-
tioner och nu ska de få en rejäl avhyvling!

Några ros*buskar* är det inte tal om här, bara några
spretiga pinniga stjälkar med groteskt stora, alltför
perfekt formade broilerrosor i toppen på de långa
stjälkarna. Blommorna och de mörkgröna bladen ser
ut som anemiskt konstgjorda plastprodukter. Ja, fakt-
iskt kunde de lika gärna vara av plast, eftersom de i
det närmaste saknar doft. I hetsen att "förädla" rosen
prioriterades färg och form, doften glömde man bort.
Men en ros utan doft är en ros utan själ.

Om man sedan lägger till att de ofta odlades med
naken bar jord mellan pinnknippena, och att sjuk-

123

domsresistens också var ett offer som fick göras på förökningshysterins altare, varvid giftbesprutning blev en förutsättning för överlevnad, så undrar jag varför de överhuvudtaget förtjänar epitetet ros. Nej, min egen rosvärld beväxtas av slösande rikblommande och hängivna bushärdiga vildrosor. Intensivt väldoftande, dignande av smaskiga och nyttiga nypon, och med härliga höstfärger som final. Som står stadigt på egna rötter, och inte är okulerade på ohärdiga grundstammar. Anspråkslösa, friska och förnöjsamma utan stora krav på livet.

Finlands vita ros blir som en snödriva i midsommartid, bergsrosen bjuder på enorma mängder nypon, och vresrosor som 'Hansa', 'Rugspin' och 'Louise Bugnet' blommar ända fram till hösten. Min favorit daggrosen är med sitt plommongrålila bladverk en tillgång precis hela säsongen och bildar ett utsökt par med ett silvrigt gråluddigt ullvide. Med sådana pålitliga och växtglada rosiga kamrater blir trädgårdslivet sannerligen lätt att leva.

Denna bestämda inställning till trots gav jag mig ändå på äventyret att odla några av de till skyarna så hyllade Austin-rosorna. Inte nedgrävda, utan i kruka. Enda anledningen till att prova dem var att de erbjöd en orange färgskala, och att jag ju ständigt jagar nya glödheta nyanser till min terrassodling.

Kopparfärgade 'Pat Austin', 'Lady of Shalott' och 'Crown Princess Margareta' samt purpurfärgade 'Munstead Wood' bjöds sålunda in till Lappland.

Bekantskapen blev tämligen kort. En lappländsk sval sommar och därpå vinterförvaring i garage är inget som dessa engelska ladies verkar uppskatta.

Trots pyssel, vatten och gödsel blängde de bara surt och signalerade högdraget: "We are not amused". Av de två brittiska damerna som överlevde garagevintern så lyckades en av dem i somras med konststycket att klämma fram en, men bara en enda blomma. De får en chans till. Men denna vinter får de en garanterat frostfri vinterboning.

Desto märkligare var det därför med den roskruka jag lämnade kvar ute i det ouppvärmda växthuset under vintern. Under sommaren behövde jag röda rosor för ett uppdrag, och hade därför införskaffat två sådana på handelsträdgården i Lycksele. En av dem, 'Roxy', åkte in i förrådsrummet, så den slapp att känna på frost och grönskade fint frampå vårkanten. Men en annan, som jag inte brydde mig om att ödsla utrymme på, blev alltså kvar.

Döm om min förvåning, när jag på våren upptäcker svällande knoppar på den kvarlämnade rosen. Knoppar som raskt utvecklas till blad. Grenar som bär massor av klarröda blommor under hela sommaren när den flyttats ut på terrassen. Vad det var för sort? En 'Nina Weibull' förstås.

34. Inte bara roshatten

På trädgårdsmässan passerar jag en monter med praktiska arbetskläder för trädgårdsutövande. En ny chic värld öppnar sig för mig. Smidiga handskar – med spetsbrodyr. Rejäla arbetsbyxor med fickor, knäskydd och mobilväska – i storblommigt rosenmönster. Och, hör och häpna, en bågsåg - i småflicksrosa. Hello Kitty för tanter. Nu säger upprörda odlarbrudar: Kan man inte få vara lite snygg också, när man påtar i trädgården?! Jovisst får man det. Man får ha på sig vad som helst. Eller inget alls, som det engelska paret i *The Naked Gardener*. Fast här i Lappland skulle denna o-utstyrsel vara tämligen opraktisk, av två anledningar: det blir kyligt och man blir myggbiten, troligtvis på olämpliga och inte så klivänliga kroppsytor.

Visst är det smart med kvinnokroppsanpassade tillika slitstarka kläder som funkar för praktisk verksamhet i trädgården. Tänk på guvernanten Maria, som i filmen *Sound of Music* sydde robusta utekläder av gardiner till barnen von Trapp.

Vid den brittiska trädgårdsskolan Waterperry, där kvinnor utbildades för trädgårdsmästaryrket, bestod klädseln ofta av en kortärmad blus, hängselbyxor och rejäla skor. Foträta skor med snörning hade även Margery Fish till sin rekorderliga tantklänning. Så långt är jag allså med.

Men jag kan inte låta bli att förundras över denna spets och detta gullrosa. Utifrån dagens ständigt politiskt korrekta fokus på feminism, hen, könsneutrala leksaker på dagis och vabbande pappor, så blir det verkligen intressant med denna ljuva romantiska utstyrsel. Särskilt om man betänker att trädgårdskläder tämligen omgående skitas ner och snabbt är mera brungrå än rosa. Hägrar någon slags nostalgisk lantlivsdröm bakom detta, en längtan att få skrida fram som drottning Viktoria i fotsid vit ryschklänning, uppsatt hår, enorm florprydd hatt och ett spetsparaply med vilket man då och då nådigt pekar ut grävorder åt någon James? Men hallå, jag vill ju inte alls förvandlas till en passiv åskådare i stället för skapare!

På 1800-talet var det självklart att kvinnor i högre ståndskretsar inte skulle gräva, det var under deras värdighet och undergrävde deras ställning. Författarinnan Elizabeth von Arnim var en av dessa fina societetsdamer som drömde om att någon gång själv få skita ner sig och gräva på egen hand i stället för att bara få kommendera någon Herr Obergärtner. Det var hon som skrev det berömda citatet att om Eva bara hade haft en spade i paradiset, och vetat vad hon skulle göra med den, så hade hela den där tråkiga historien med äpplet aldrig hänt. Och då hade ju ingen av oss heller behövt några trädgårdskläder!

Min egen trädgårdsoutfit är så långt ifrån rosaryschig Garden Girl man kan komma. På fötterna har jag stövletter som det gapar stora hål i. De är bekvämare än de nyinköpta, hela. Raggsockar, alltid, oavsett väder och värme. Ett par nötta, trådslitna gammbyxor som jag bävar snart kommer att falla sönder i mindre beståndsdelar. Arbetshandskar från bygghandeln, alltid fodrade oavsett väder och värme. En antik blå collagetröja som jag ärvt från kusin Ann. Det står *Jag jobbar här* på ryggen, mycket passande. En urgammal lila fleecejacka, som min mamma sydde och som nu är full av målarfärgfläckar. På huvudet en sliten tyghatt eller hilka, för min berömda roshatt används bara vid finare begivenheter. *Voilá – Mariana goes gardening!* Det är inte ens shabby chic, utan bara shabby. Men det är som bekant inte dräkten som gör munken. En munkkåpa är för övrigt inget hinder för effektivt utförande av trädgårdssysslor.

På vägen ut från mässan går jag igen förbi montern med de pimpinetta rosa trädgårdskläderna. Blicken faller på ett par bruna stövletter. De ser bekväma ut. Jag tänker på mina trasiga därhemma, och att jag aldrig lyckats hitta några nya sköna att ersätta dem med. Provar. Passar. Köper. Och vips går även antigulliga jag ut med en barbierosa kasse hängande på axeln.

Men de där fåniga bruna silkesbanden tänker jag banne mig byta ut mot något rustikare. Någon måtta på bjäfset får det ju verkligen lov att vara. Om de sedan är grävdugliga återstår att se.

128

35. Inte bara blå får

Knallblå får var det första som mötte oss på den stora trädgårdsutställningen i Tyskland. En smaragdgrön äng med en hjord av lysande azurblå får. I äkta plast. En illusion som förstärktes av att det strax bakom dem betade livs levande kossor. Vilken chocköppning!

I Kulturhuvudstaden Umeå ägde det för några år sedan rum en konststrid som kan sägas ha viss trädgårdsanknytning. Den döptes till Rosornas Krig, och utbröt när konstnären Bengt-Erik Nilsson skapade stora trärosor med sin motorsåg av de kvarstående stammarna till gamla popplar som sågats ner i Rådhusparken. Kultureliten förfasade sig naturligtvis över denna banala, folkloristiska amatörkonst i offentlig stadsmiljö, medan vanliga umebor, lika självklart, snabbt tog trärosornas parti.

Begreppet "trädgårdskonst" kan man tolka på två sätt. Antingen som konkret, fysiskt närvarande konstföremål i trädgården, eller också som uttryck för en konstform. Trädgårdskonst i den första bemärkelsen kan vara allt från trädgårdstomtar och väderkvarnar till rosa plastflamingor. Eller för all del blå får eller trärosor. Trädgården som konstform blir en bärare av kultur, värderingar, historia och idéer, och speglar olika förutsättningar av såväl klimatmässiga som ekonomiska orsaker. Här handlar det om den första kategorin - pyntet.

Dekorationer i och utsmyckningar av trädgårdar har alltid funnits. I barockträdgårdar och landskapsparker kunde man förstås ta ut svängarna och välja utsmyckningar av större format, allt från Apollon-statyer och vattensprutande lejon till tempel och ere-mithyddor (ibland inklusive "äkta" eremit). En väl-fylld plånbok, eller kanske snarare en generöst till-tagen kredit på banken, ger förstås utökade möjlig-heter till överdrivna utsmyckningar. För inte allt måste vara vackert. Det fanns gott om smaklösa och vulgära detaljer, då såväl som nu.

Numera köps färdiga och billiga masstillverkade prydnadssaker, ofta av usel kvalitet. Inte ens fågel-skrämmorna tillverkar man längre själv. Det shoppas tomtar och troll, älvor och grodor, solur och väder-kvarnar för glatta livet. Eller blå klot. Dessa spred sig som en löpeld i privata trädgårdar under 1990-talet, precis alla skulle ha blå klot. Lika snabbt blev de passé.

Prydnader som symbol för vår tids konsumtions-drift smälter sällan in på ett harmoniskt sätt, och pynt har en inneboende förmåga att snabbt åldras och bli omodernt. Stora vita snäckor och glaskulor på pelare förknippas tydligt med den tyska stilepoken. Och att bara ställa ut en kinesisk stenlykta eller en Buddha-staty gör ingen trädgård kinesisk, lika lite som det är dräkten gör munken.

Själv är jag restriktiv när det gäller pryttlar och pynt i min trädgård. Jag föredrar sånt som inte är så påträngande och uppenbart utan går att smyga in nästan omärkligt bland stenar och växter, samt sådant som har en praktisk funktion.

Jag har ett par betongrosor och och några rostiga plåtrosor – de är en humoristisk blinkning åt rosrost, som är ovanligt på levande rosor i norr. En flätad boll

130

liksom en flätad "krusidull" på flätstaketet bakom vilket arbetshörnan döljer sig har jag åtstadkommit med egna händer och naturmaterial.

För mig är växterna och kompositionerna jag skapar med dessa huvudsaken i min trädgård. Klätterställningar, stöd, möbler och kärl måste underordna sig och samspela med helheten. I min bok *En trädgårdsvallfärd – som pilgrim till gröna paradis* utvecklade jag min syn på hur ett perfekt samspel mellan helhet och detaljer, platsen och människan skapar en trädgård som gör ett outplånligt intryck.

Ändå kan jag inte låta bli att känna en smått oemotståndlig dragning till de där fåniga blå fåren. Jag måste erkänna att det känns som en smått pinsam bekännelse. För mitt inre öga ser jag dem lyckligt betande på min blomsteräng. Fast ärligt talat undrar jag inte det inte vore mera lappländskt korrekt med en älgtjur istället. I käckt hjortronorange. I så fall tror jag att det räcker med en enda.

131

36. Inte bara (jul)gran

Det är lätt att drabbas av barrkoma när man färdas norrut längs E45:an. Gran efter gran. Tall efter tall. Hektar av mörkgröna dysterkvistar. Inte undra på att besökande vänner söderifrån upplever den visuella färdkosten som något ensidig de sjuttio milen från Mora till Blåviksjön.

En textilkonstnär gjorde mig en gång uppmärksam på att granen och skogslinjen med sin spetsiga A-form går igen i andra typiska lappländska karaktärer, som kåtan. Granskogen kunde även ses som en EKG-kurva som tar tempen på inlandsklimatet. Vilket skulle innebära ett upplyftande besked för alla som tror att landsbygdspatienten är döende, dränerad på sin befolkning. För mig som aktivt valt att bosätta mig i skogen och vildmarken är rytmen lugn och stabil, vilsam och beständig. Om man inte räknar de brutala avbrotten för kalhyggen förstås. Att åka mil efter mil genom barrskog ger själen lugn och tid att tänka, utan risk för att ständigt hamna i bilkö.

Det är dock lätt att börja hata barrväxter om man är uppväxt på 1970-talet. Det var på den tiden som lättskötta granar, tallar och enar intog trädgårdar och miljonprogramsplanteringar, och med åren förvandlade dessa till mörka, inbundna grottor där inget annat i växtväg längre ville växa i skuggan. Barrväxter ska nu visst få en renässans, sägs det. Man kan hoppas att det är behändigare miniatyrmodeller som då gör entré.

Då och då uttalar sig någon götaländsk trädgårds-expert om att vi norrlänningar nog ändå borde släppa in lite mera barrväxter i våra trädgårdar. Det säger den av ren välvilja förstås. Barrväxter är ju så bra på vintern nämligen, skapar vinterintresse i trädgården.

Då brukar jag undra över om sagde expert någonsin åkt genom det norrländska landskapet, och i så fall händelsevis råkat lägga märke till att vi redan är omgivna av kvadratmil av just sådana där barrväxter. Vi har liksom av naturen inte så påträngande behov av att släpa in ännu några granar och flera tallar i våra privata trädgårdsrum, utan föredrar att beväxta dessa med yppiga blommor i häftiga färger som diametralt distanserar sig till omgivningen. Maximalism kallar jag stilen.

Om man nu lider av grannoja så finns det ändock ett tillfälle när granen får intaga hedersplatsen och det är förstås till jul. En äkta julgran. Utvald redan på hösten innan snön fallit och gjort det svårt att stövla runt och genomföra julgransgranskning med Argusblicken. Att ha en egen julgransskog om knuten är höjden av lycka och en ouppnåelig lyx för många.

Ett år körde jag med tuffa uppstammade julgranar som dekoration utanför växthuset. Ofta har jag funderat på att anlägga en skog av blågranar. Tänk så snyggt med en blåskimrande julgran! Bodde jag trångt skulle jag istället satsa på den smalväxande serbiska granen. Eller varför inte en smultrongran, som med lite gödselvattning börjar skjuta röda skott efter nyår? Ännu läckrare vore blågranen 'Maigold', för den skjuter knallgula skott – med den varar julen verkligen framåt påska.

Förra julen hade jag lyckats hitta ett formidabelt praktgranexemplar. Riktigt tät, med grenarna tjusigt uppåtriktade, stadigt bärande på tunga glasänglar. Knappt några barr alls på mattan. Vi tog oss visserligen bara in i rummet med viss svårighet eftersom granen försåg sig med rejält svängrum, men vad gör man inte för en supergran. Jag kunde inte skiljas från granen. Trettondagen passerades. Tjugondagknut likaså. Granen var lika ståtlig och grann. Jag ängslades lite, för tänk om Julmyndigheten skulle komma på inspektion och finna att granen stod kvar.

Den fick stå som en blingande jättekrukväxt tills jag kunde skörda de gröna späda skotten och förvandla en del till hostsirap och resten till kryddning av sill och gravad lax. Min husman knipsade av grenarna och gjorde bastuavkok. Återstoden av grenarna fick bli växtskydd mot den uttorkande vårsolen. Stammen sågades slutligen till ved. Tala om ett allsidigt användbart träd. Försök en dylik återvinning med en plastgran om du kan!

Mitt liv som trädgårds-ambassadör

37. Marianas trädgårdsakademi

Den som söker en utbildning till trädgårds-
ambassadör får leta förgäves. En sådan kurs
finns inte. Det är en befattning som jag själv har
skapat och fyllt med innehåll. Mycket mer än ett yrke
och lönejobb, det är min livsuppgift. Men i somras
kändes det nästan som om jag hade öppnat ett träd-
gårdsambassadörsinstitut.

Då tog jag och husman Ingenjören nämligen för
första gången emot praktikanter i vår verksamhet. Två
av dem studerade redan vid olika trädgårdsutbildning-
ar, den tredje hade sökt inför hösten. Hela sommaren
präglades av gemenskap och kunskapsutbyte. Efter-
som de också bodde hemma hos oss pågick de horti-
kulturella diskussionerna från morgon till kväll.

Ibland oroade vi oss nästan för att de skulle få
skavsår i öronen av allt predikande, men det hindrade
dem ändå inte från att försöka hinna frossa sig igenom
biblioteket av trädgårdslitteratur, eller att ge sig i kast
med egna ambitiösa projekt, som att fota alla växter i
trädgården för att göra en komplett växtförteckning.
Dock utan att lyckas med något av det. För den färska
lappländska luften och totala tystnaden fick dem ofta
att somna omedelbart med böckerna över näsan. Och
oss, att lika utmattade, försöka förbereda nästa dags
aktiviteter.

Från vår egen studietid mindes vi ju att ensidiga
uppgifter var trist. Våra praktikanter intygade att ut-
skolning av tusentals isbegonior i två veckor inte var
något som de törstade efter att fylla hela sin praktik

137

med. Så vi försökte satsa på så mycket variation som möjligt under den givna tidsperioden och förstås med fokus på odlingens särskilda förutsättningar här i norr - det där som saknas i utbildningarna.

En förmiddag med praktiska uppgifter tillsammans med Reginald i köksträdgården kunde avlösas av teoretiska trädgårdsdesignövningar med mig på eftermiddagen. Var vädret regnigt blev det utskolning, sticklingsförökning och omplantering i växthusets trivsamma värme.

Stekte solen kunde vi bli sittande vid middagsbordet under häggen och resonera om odlingsprojekt som borde genomföras i Lappland. De odlade bekantskap med växter som älskar fjällnära liv, löste nyponquiz och deltog i våra projekt med Blomster-Lottas trädgård, Kulturbotan och Trädgårdsrajden.

Ett rosplanteringspass förmedlade kunskap om vikten av att välja rotäkta rosor för lyckat resultat i odlingszon 7. Gräsmatteklippning fick ett annorlunda perspektiv när det förvandlades till en värdefull produkt för gödsling och marktäckning. Och potatisgrävning förde med sig provsmakning och utvärdering av sorter som kunde lämpa sig för odling på Potatisbacken i Ammarnäs och funderingar kring potatisprodukter för Pärfestivalen.

Det finns hur mycket intressant som helst att lära sig och fördjupa sig inom ämnet trädgård och odling. Jag säger som Karl Foerster: *"Om jag skulle komma till jorden ännu en gång, så skulle jag bli trädgårdsmästare då också, och gången därpå också. Ty det här yrket var alldeles för omfattande för ett enda liv."*

138

Att få vara en som förmedlar sin kunskap och erfarenhet till andra som brinner av kunskapslängtan är ett privilegium. Att få predika budskapet om den lappländska trädgårdskulturen för vetgiriga lyssnare är förstås rena himmelriket för en trädgårdsambassadör.

Ja, i somras kände jag mig som en Sokratessa, hållande en akademi med receptiva lärjungar omkring mig. Ömsom vandrande runt ägorna, ömsom sittande i skuggan under häggen (i Lappland är Kunskapens Träd förstås en hägg, inte ett olivträd).

Men min trädgårdsakademi blir aldrig en vanlig kurs. Det får vara en ytterst personlig och individuell vägledning av en utvald adept som sökt sig hit för att den känt ett behov att täta kunskapsluckor om norrländsk odling. Som novismästarinna i mitt trädgårdskonvent sår jag frön som kan falla i en god jordmån för att gro, spira och bära makalös frukt.

För trädgård är ju inte bara ett yrke. Det är en filosofi som kan fylla ditt liv, få din själ att blomstra och din kropp att bli mätt. Hur många jobb kan erbjuda det?

38. Avslöjad som Mästare

Min väl förborgade hemlighet är avslöjad. Jag kan pusta ut. En hemlighet som jag burit på i nästan tre år och inte fått berätta för en levande själ om. Jo, min husman var invigd i mysteriet. Men gubbarna som byggde timmerstocksramen till rabatten visste inte ett jota. Våra praktikanter som fick rensa ogräs och hjälpa till med växtjusteringar anade inget av sanningen.

Jag har guidat grupper förbi entrérabatten till Kulturbotan i Lycksele och avsiktligt bedragit dem alla. Skamlöst dukat upp en lögn när jag visat stadsträdgårdsmästare, landskapsarkitektstudenter, skolbarn - ja, jag har faktiskt lurat alla Riksförbundet Svensk Trädgårds sommarmötesdeltagare!

Jag stått där med trädgårdskändisar från hela landet. Lyssnat till hänförda utrop över kombinationen med den vita rallarrosen, purpurfärgade kvannen och det rosa amerikanska älggräset. Sett dem fota sagda vita rallarros. Svamlat lite löst om hur rabatten var en tolkning av lappländsk vildmark.

Men aldrig med en min fått förråda vad bara jag kände till: Att denna plantering, som gått under täcknamnet Fästmanssoffan, i själva verket var Mästarrabatten 2015, dess verkliga namn *Norrsken & Midnattssol* och jag själv Mästare 2015. Att jag inte någon gång briserade av trycket förvånar mig storligen.

Svenska växtproducenter inom GRO/LRF Trädgård har under många år samarbetat i projekt för att lyfta fram svenskodlade växter, som E-plantor. Sedan

2006 har de varje år utsett en Mästare som fått uppdraget att skapa en Mästarrabatt som kan kopieras och anläggas i vanliga trädgårdar, antingen i sin helhet eller valda delar. Skiss och växtförteckning finns att hämta gratis på nätet, och växterna finns förstås att köpa i plantskolorna.

Tidigare Mästarrabatter har varit anlagda i södra Sverige i odlingszon 1-3. I en fotnot har det funnits förslag på härdigare ersättningsväxter för zon 5-6. Det vanliga svenska trädgårdsperspektivet således. I ett ögonblick av maximal irritation hävde jag ur mig att vi norrländska odlare borde kräva en omvänd Mästarrabatt, en som utgick från zon 7 och istället måste översättas till göta- och svealändska. Kravet ingick i den budkavle från över 5.000 norrlandsodlare som Lappmarkens trädgårdssällskap tog initiativet till 2012. Det tog visst skruv.

Nu är den här, den omvända Mästarrabatten. Den som kastar om trädgårdskartan och gör zon 7 till norm, och zon 1 till avvikaren som behöver alternativ. *Norrsken & Midnattssol* är den tionde Mästarrabatten - och den sista. Gissa om jag är nöjd och stolt över att det är just min Mästarrabatt som får kröna verket!

Min utgångspunkt är, som alltid, att hämta inspiration från växter i den lappländska naturen och sedan välja tjusiga lyxvarianter. Allt känns därför välbekant men ändå främmande. Här finns förstås stormhatt, men inte den vanliga blå utan en slingrande vinröd extravagant variant. Och här finns kvanne, men en exklusivt purpurfärgad art. Mästarrabatten 2015 bjuder på en hortikulturell husmanskost i en fräschare tapp-

141

ning med månskensgul smörboll, rosaraffigt älggräs, luddigt ullvide och filigransirlig plymspirea. Den samiska kulturen har varit en viktig inspirationskälla till min Mästarrabatt. Växterna är arrangerade i ett traditionellt samiskt trekantsmönster som skapar ordning i blomstervillervallan och utgör en kontrast till det vilda och otämjda.

Må nu Mästarrabatten 2015 ta er alla med storm, och få er att vilja skapa ett stycke hortikulturell lappländsk vildmark i era trädgårdar. Må den chict vita rallarrosen sprida sig som en löpeld i era liv och odlingar (för tro mig, den kommer att göra sitt bästa för att rymma ur sina tilldelade mönsterrutor). Och må den näpna fjällkåpan väcka en stillsam fjällängtan i era hjärtan.

En sak är emellertid rätt märklig. Av tio Mästare heter tre Mattsson i efternamn! Först Folke, sedan Stefan och nu Mariana. Kanske är namnet Mattsson predestinerande för mästerlig framgång inom trädgårdsbranschen? Jag ska nog nämna det för min brorson som snart ska välja yrkesväg.

39. Indoktrinering av odlarkids

När man både har trädgård som yrke, intresse och främsta livsinnehåll tenderar man att bli ganska socialt smalspårig. Man kan inte gästa en enda bekant utan att börja prata om odling i någon form. Till och med vid ett besök på sjukstugan utbrister jag i en lovsång över de egenodlade grönsakernas positiva inverkan på hälsan. Kort sagt riskerar man att bli ungefär lika odräglig och påfrestande som brännässlor i rabatten.

Som tur är har jag nästan bara gröna bekantskaper vilket gör saken enklare. Och att min husman hyser samma passionerade gröna intresse betraktar jag som en ren nådegåva från Vår Herre - hur skulle vi annars stå ut med varandra?!

Man vill ju inte vara en festdödare, men det är ju bara så himla mycket roligare att prata om frösådder och kompost än om skoterföret och barnens skolresultat.

Apropå barn. När man inte har egna ungar att trakassera med sitt trädgårdsintresse får man väl försöka ställa in sig hos andras, och med list infiltrera och påverka de oskyldiga barnen med odlingspropaganda.

Sålunda skickar jag fröpåsar med krasse, ärter och solrosor till brorsbarnen till födelsedagspresent. Ibland blir det en blomsterbarnbok. När de hälsar på här blir det tomatsafari och ärtskiderace i köksträdgården. Och äldste brorsonen serverar jag små, inte fullt så diskreta, vinkar om utbildningen till landskapsarkitekt.

Förhoppningsvis tycker de att även om faster är helt knäpp, så är hon i alla fall knäpp på ett intressant sätt. De kompisar i trädgårdssällskapet som har barn är det busenkelt att uppmuntra, dessa är ju liksom redan mentalt påverkade i grön riktning. Ordförandes dotter Freja hjälpte oss i Kålgruvan - den plantering framför kommunhuset i Lycksele som vi tog initiativet till förra året när kommunen inte ansåg sig ha råd med sommarblommor. Freja planterade kålplantor med van hand och yttrade sig sakkunnigt om ärternas smakutveckling.

På Kulturbotan i Lycksele genomförde vi tidigare år skolprogram där barnen först fick komma på våren för att så och sätta, och sedan återvända för att skörda på hösten. Gissa om kidsen var impade av vilken gigantisk rova det blivit av det lilla fröet!

Jag kan inte påminna mig att jag själv och mina bröder någonsin blivit kommenderade att hjälpa våra trädgårdsnördiga föräldrar i trädgården. Mellanbrodern Marcus visade förvisso som liten lintott ett intresse för tomatodling. Det finns ett gammalt tidningsklipp där han stolt förevisar drivbänken med tomater för reportern. Det där med tomater och chili hänger kvar, det odlar han faktiskt själv nu i vuxen ålder.

Nej, vi fick bara njuta frukterna av våra föräldrars odlingsintresse. Vänja oss vid smaken av riktiga äkta grönsaker. Och på kuppen slank det in en massa blomsternamn på latin, som *Ageratum* och *Gladiolus*. Jag minns en trädgårdsutställning vi besökte, som trädgårdssällskapet arrangerat, med nyskördat från trädgårdarna och vackra blomsterarrangemang. Det måste ha gjort stort intryck på mig.

Jag misstänker dock starkt utifrån kännedom om min egen personliga karaktär att jag skulle ha påverkat en eventuell avkomma på ett betydligt mera hårdfört sätt. Med vår odlingsfanatism hade vi säkert tvingat dem att äta egenodlade bönor och kål, och dricka svartvinbärsdricka, istället för att växa upp på en normal pizza- och hamburgerkost nedsköjd med läskeblask, och på så sätt hade de blivit stigmatiserade för livet och hamnat i socialt utanförskap i snabbmatssamhället...

Alla vi medlemmar i Riksförbundet Svensk Trädgård kan inspirera det uppväxande släktet att så ett frö, se det växa, vårda plantan och stolta skörda resultatet av mödan. Att odla betyder hopp. Och hopp kan vi sannerligen behöva mer av i den här världen.

40. Att dräpa en trädgård

En del sådder artar sig. För andra går det käpp-
rätt åt skogen. Det underbaraste men också
det sorgligaste som jag hittills upplevt i mitt träd-
gårdsambassadörsliv har varit sådden av Lapplands
Kulturbotaniska Trädgård. Detta frö som jag och min
husman tillika kollega sått, vårdat, gödslat och upp-
fostrat, men som nu kan dräpas i sin vackraste blom-
ning.

Det började ju så bra, med detektivjakten på
gamla växter. När vi åkte runt i lappmarken och letade
upp ärvda gröna klenoder på uppdrag av POM,
Programmet för Odlad Mångfald, och såg till att få en
genbankssamling till Lappland genom att bygga upp
landets första kulturbotaniska trädgård på hembygds-
området Gammplatsen i Lycksele, för att där lyfta
fram den okända odlinghistorien och bevara det gröna
kulturarvet från norr. Den lokala samiska kulturen gav
mig inspirationen till en nyskapande och djärv träd-
gårdsdesign i en helt unik utformning.

Det ena gav det andra. Kreativa utvecklings-
möjligheter grodde, spirade och växte i rasande takt.
Kulturbotan blev platsen för gröna arrangemang som
både drog nya turister till Lycksele och gjorde staden
attraktivare att leva i: Rosens Dag-firande, skörde-
middag, gardenparty, och inte minst fjolårets sommar-
möte för Riksförbundet Svensk Trädgård.

Som alla botaniska trädgårdar satsade vi på
kunskapsspridande aktiviteter som skolprogram för

gardenkids, kurs i lappländsk trädgårdsdesign samt i konsten att fröodla arveärtor och korovor. Vi välkomnade studenter som ville praktisera och lära sig allt om odling i norr. Vi handplockade duktiga odlare i Lappmarkens trädgårdssällskap för att guida vetgiriga besökare. Och vi började sprida Kulturbotans härdiga och tuffa växter genom Växter-på-Beställning.

Som pionjärer såg vi oändliga möjligheter att använda Kulturbotan som ett centrum för utveckling av hortikulturen i "Växterbotten", och vi påbörjade uppbyggandet av ett nätverk med andra gröna besöksmål.

Det tog tid innan vi insåg att inte alla förstod betydelsen av Kulturbotan. Som odlare vet vi att växter behöver omvårdnad. För att de ska blomma och ge frukt krävs vattning, gödning och kvalificerad skötselinsats i rättan tid. Detsamma krävs för att en trädgård eller park ska blomstra över lång tid.

I flera år strävade vi efter att få en långsiktig organisatoriskt och finansiellt hållbar lösning efter projekttidens uppbyggnadsfas. Utan att lyckas. Istället för vision växte frustration. Nu var det tredje året som vi först strax innan säsongen skulle dra igång fick veta om det alls skulle finnas några förutsättningar och resurser för året. Sådan panikkultur omintetgör all seriöst organiserad verksamhet.

Visst bedyrade Lyckselefolk hur fint det blivit på Gammplatsen med alla blommor. Men bakom fasaden av ytlig uppskattning framkom det att de flesta ändå bara betraktade Kulturbotan som några blombänkar. Få förstod att Kulturbotan skulle vara en botanisk

147

trädgård och en genbank, och att den som sådan måste hålla en hög och professionell nivå. Den kan inte bedrivas av ideella hobbyodlare, skolpryon och beredskapsjobbare.

För det var ditåt det barkade. Till sist tvingades vi att se sanningen i vitögat och ta konsekvenserna för egen del. På dessa premisser gick det inte att fortsätta. Våren 2015 meddelade vi att vi slutar som ledarduo för Kulturbotan.

Jag känner en stor bedrövelse. Inte bara för egen del, för uppdrag kan man få, ha och mista. Min sorg gäller även alla dem som skänkt växter till Kulturbotan. För precis som min farmors släkt en gång i tiden donerade Ruselegården till Gammplatsen, så hade nu andra kommit med sin mormors ros och svärfars bergenia, med minnen och berättelser om odlingslycka, i förvissningen om att här skulle växterna tas omhand och bevaras för framtiden när de själva var borta.

Att inte ta ett långsiktigt ansvar för gåvorna man fått och förvalta den unika trädgård som vi byggt upp för detta ändamål är ett svek. Lika skamligt som att bränna upp kåken. Kulturbotan är ännu ett exempel på att hortikultur och grönt kulturarv inte värderas på samma sätt som andra gamla ting. Men vem bryr sig?

148

41. Grönskande skolbänk

Alla pratar om skolan nuförtiden. Dax att skolan får bli föremål för en krönika! För precis som det från första dagen i klass 1 finns lärare man tokgillar, som pedagogiskt och med engagemang förmår att tända sina elevers intresse och nyfikenhet för ämnet, så hittar man mästare i trädgård som förmedlar faktakunskap och får planer och idéer att gro i huvudet på eleven. Längs min odlingsskolväg har det funnits flera handledare som har bidragit till min högst personliga trädgårdsexamen. Levande såväl som döda.

I odlingslekis är mina föräldrar förstås självskrivna ledsagare. På ett naturligt sätt, utan åthävor eller uttalad pedagogik, slinker grunderna i odlandets mysterier in i mitt barnsliga medvetande. När det sådda intressefröet sent omsider grodde i vuxen ålder, är det modern som lotsar mig till möten med kunniga och inspirerande personer i trädgårdsföreningarna - det var rena dynamitgödningen för grodden.

Vetgirigheten är enorm. Men eftersom det saknas utbildningar om trädgård i lappmarken sparkar jag igång en egen bildningsverksamhet. Till fördelarna hör att jag själv kan välja ut mina lärare. I ämnet trädgårdssamhällskunskap utser jag därför den gamle landshövdingen Gustav Rosén, som på 1930-talet propagerar för mera odling i länet. Precis som han ser jag odlingen i ett vidare perspektiv än enbart påtande i den egna täppan. *Mera odling åt folket!* typ.

Viljan att få fler att upptäcka odlandets fröjder är en stark drivkraft. Att sedan vilja starta en ny odlarväckelserörelse för att omvända världen och predika det glada odlingsbudskapet för alla får jag väl skylla på min inspirerande religionslärare Heliga Birgitta! Studier i Ulf Nordfjells trädgårdsskapande är laga plikt för en odlande norrlänning. Så jag gör mig en sådan kurs som ingår i det stora blocket om trädgårdskonstens utveckling. Där blir Penelope Hobhouse min historialärare och guide, och hennes tungviktarbok min nattlektyr (jag plöjer igenom hiskeliga mängder trädgårdslitteratur). Hon och Michael Pollan (som bjuder in sig till filosofikursen) får mig att dra parall-eller mellan indianernas och samernas o-spår i trädgårdskonsten, mellan amerikanska gräsmattor och lappländsk odlingskultur.

En lärare kan förbereda jorden, så fröna, gallra, vattna, stötta och varsamt beskära. Men viktigast är deras förmåga att ge sina elever verktyg att själv skapa konstverk. Estetpasset med den samiska glaskonstnären Monika L Edmondson får ett avgörande inflytande på mitt trädgårdsskapande. Genom hennes tolkningar av samisk kultur i ett icketraditionellt material får jag mod att våga mig på att översätta samisk kultur till ett hortikulturellt språk. Vildmarksgröna kreationer som präglas av landskapet i sann Torgny Lindgrensk anda *"ett landskap som motsvarar mitt själstillstånd"*.

Efter några år får jag plötsligt en studiekompis och kollega. En som är lika intresserad, men som odlar mera strukturerat, organiserat och vetenskapligt med ingenjörens förmåga att dra korrekta slutledningar av framgångar och bakslag i odlandet. Vi blir ett perfekt team!

Jag tar en kurs i trädgårdstyska hos perennpåven Karl Foerster. Inte är han lättläst, men precis som han ägnar jag mig åt lingvistisk ekvilibrism och producerar gröna nyord på löpande band. Där han pratar om växter som LP-skivor och gräs som Moder Jords hår, pratar jag om pocketfjäll, trädgårdsmaximalism och att beväxta sin trädgård.

Genom min bildningsväg löper en grön tråd. Där Rosén belåtet konstaterande *"överhuvudtaget går nästan allting"* säger Blomster-Lotta om sitt odlande i fjällbyn Ammarnäs *"tänk ändå va' allting har lätt för å väx' här"*. Det är ett förhållningssätt som vänder på perspektiven och ser Lappland och odlingszon 7-8 som det ultimata trädgårdsparadiset. Om jag någonsin skulle komma på idén att måla ett väggord, så skulle det vara detta citat av Blomster-Lotta.

Någon doktorslagerkrans kan jag inte sätta på mitt huvud. Men för min del utgör rosenhatten ett prima och unikt tecken på min trädgårdsambassadörsexamen.

151

42. Trädgårdshelgon

Som trädgårdsambassadör måste man hänga med och fördjupa sig i alla teman som rör odling. Så mellan trädgårdssysslorna har jag i sommar ägnat mig åt att begrunda vad påven har att säga mig om hur vi alla har uppgiften att vårda oss om vårt gemensamma hem - jorden. I juni släpptes nämligen påven Franciskus encyklika om miljö och klimat *Laudato Si*, Lovad vare du. Att han som kyrkans ledare pratar mycket om miljön är inte alls så konstigt. Redan i valet av påvenamn kunde man ana att detta är en viktig fråga för påven.

Förebilden är den helige Franciskus, rikemanssonen som blev tiggarmunk och predikade för blommorna och fåglarna när folket inte ville lyssna. I sin berömda Solsång prisar han Gud för moder Jord som föder oss och ger oss frukter, blommor och örter. Franciskus är ekologins skyddshelgon och inspirerar oss till ett grundläggande trädgårdstänk, från att inte bespruta våra grödor till att se komposten som trädgårdens pulserande hjärta. Men det finns många fler trädgårdsnära helgon att ta hjälp av närhelst jag behöver bistånd från ovan i odlingen.

När ett nytt land ska grävas önskar jag ofta att S:t Fiacre med sin snabbgrävarspade kunde komma till hjälp. Hans biskop lovade honom precis så mycket land för sitt eremitage som han kunde spadvända på en dag. Och se - skogen föll och marken plöjdes upp där han gick fram med spaden. Ett mirakel!

Att S:t Vincent är vinodlarnas helgon vet rätt många. Men att det var hans åsna som uppfann vinstocksbeskärningen genom att under ett obevakat ögonblick knapra i sig de nya färska vinrankorna som därefter bar bättre skörd, det är det nog mindre bekant!

Vårt svenska helgon Birgitta är inte precis känd som ett trädgårdshelgon men i hennes uppenbarelser finns ändå en hel del hortikulturella referenser. Hon talar om konsten att ympa, hon anser att lokala örter ska användas i matlagning, och det finns en ömsint beskrivning av hur Jungfru Maria hjälper människor i nöd med sin förbön, likt en trädgårdsmästare som skyndar ut för att binda upp och stötta växterna när oväder hotar. Och eftersom Birgittas klosterorden liknas vid en ny vingård håller hon och S:t Vincent ett vakande öga på mina vinstockar.

S:t Patrick är mitt skyddshelgon och eftersom han bannlyste ormarna från Irland så får han se till att huggormarna här på gården håller sig undan. Samma dag som S:t Patrick, den 17 mars, firas också odlarhelgonet Gertrud av Nivelles. *Den som på Gertruddagen inte ut i trädgården går, han under sommaren vid tomma odlingsbäddar står.*

Hon avbildas med en mus eftersom det var en mus som bet av spinntråden och påminde Gertrud att det nu var dags att sätta igång odlingssäsongen istället. Henne anropar jag när sorkarna invaderar och katten är råttjaktsutbränd. För några år sedan fick min husman en Gertrudfigur till födelsedagspresent. Tyvärr ruttnade gräsklippet som jag byggt kroppen av så hennes köksträdgårdtjänst blev tämligen kort...

153

Bikupan är ett vanligt helgonattribut så "De Fyras Gäng"; Ambrosius, Bernhard, Isidor och Johannes Chrysostomos; ser till att pollinatörerna gör sitt jobb så att vi får en god bärskörd. Av den läkekunniga abbedissan Hildegard av Bingen lär jag mig massor om hälsobringande örter, om vikten av balans mellan kropp, själ och ande, och om mat som medicin.

Och medan S:ta Dorothea vårdar sig om fruktodlingen har vår rosenäng Elisabet av Ungern och Thérèse av Lisieux som beskydderskor. Lilla Thérèse är skyddshelgon för florister och blomsterhandlare och avbildas med ett fång rosor. Annars ses helgon ofta med en oskuldens vita lilja. Lite tjatigt. Varför finns inget helgon med ett morotsknippe?

Medan jag fortsätter att läsa påvens tankar om hur vi behöver göra en ekologisk omvändelse och ta bättre hand om hela skapelsen än vi gör nu, så bestämmer jag mig. Jag vill bli trädgårdshelgon!

En kvanne skulle passa som mitt attribut. Den nyttiga, estetiska, traditionellt samiskt och lappländskt använda ärkeängelns ört, *Angelica archangelica.* Min husman kan väl ta morötterna.

154

*Inte utan att kultivera
det goda livet*

43. Inte utan min sekatör

Mina trädgårdsredskap har jullov. Med tanke på att de jobbar för högtryck från tidig vår till sen höst är vintervilan dem välförtjänt. Förr fick de husera i det mörka garaget men nuförtiden förvarar jag dem ute i det likaledes vinterlediga växthuset. Där kan jag hålla dem sällskap ibland, när vi fikar och njuter av solen som värmer medan snön ligger meterhög och glittervit utanför.

Titta, där ligger ju småspadarna som är gjorda helt i metall. Sådana där som fanns gammalt tillbaks. De är riktigt vassa och bra att hugga sig fram i jorden med, typ när man sätter lökar. Och där är jordgafflarna. En vardagsvariant i helgjuten plast och en tjusigare engelsk stålvariant med trähandtag. De är perfekta att mosa sönder komockorna med när jag blandar till min egen jord. Under dem ligger maskrosjärnet som är grymt bra att peta upp alla sorters ogräs med utan att störa andra växter runtomkring. En morakniv, en grässax, en hopfällbar såg och en grensax finns också i verktygskorgen.

Jo, den japanska skäran ligger förstås också där. Jag fann den i en butik i Köln förra hösten och den var precis så superbra som jag trodde. Det tandade bladet gör att grässtrån inte bara viker undan, och med den smidiga klingan kommer jag lätt in under de ännu ganska små nyplanterade buskarna på rosängen och kan försiktigt skära bort ogräs som konkurrerar utan att skada stammarna, något som är omöjligt med trimmern. Den behöver inte heller brynas, bingo!

Stora redskap finns det förstås också. Kultivator på långt skaft. Lövkratta av bambu, den åstadkommer ett så trevligt ljud. En spade och en grep. En odlare utan grep är ju som en kock utan kniv. Katastrof och panik alltså när man tar i så att skaftet bryts av. Jag älskar min senaste grepkamrat. En behändig damvariant som jag fick i julklapp för något år sedan. Egentligen är den inte tillräckligt bred för ett bra grepp med stöveln men det uppvägs av smidigheten. Jag arbetar nästan alltid med grep, sällan med spade annat än för att skyffla jord med. Det är något med dess maskgiljotinerande förmåga som jag inte riktigt kan förlika mig med. Grepen är vänligare mot våra viktiga hjälpredor i jordbrukandet.

När jag städade in verktygen i höstas blev jag varse förrådet av sekatörer. En, två, tre, ..., nio (9) sekatörer. Alltså nio funktionsdugliga sekatörer. Plus två trasiga. Varför de sistnämnda ännu inte hamnat i soptunnan är ett mysterium. Nej förresten, jag vet. Den ena brast tämligen snabbt itu så den sparade jag för att reklamera. Vilket förstås ännu inte blivit av. Och den andra var min favoritsekatör. En liten nätt ergonomisk. Den låg som gjuten i min hand. En ofrivillig skilsmässa från sitt älsklingsverktyg kan verkligen vara smärtsam.

Sekatören får betraktas som en nykomling inom hortikulturen, jämfört med spadar och skottkärror. Det lär ha varit fransmannen Francois Marquis Bertrand-Molleville som uppfann sekatören och den presenterades i en uppslagsbok för trädgårdsmästare, *Bon Jardinier*, som utkom år 1819. I mitten av seklet började den få allmän spridning, bland annat i vinodlingsområden. Idag är trädgårdsarbete utan en sekatör fullständigt otänkbart.

Beskärningsproffsen har förstås bara en sekatör. En sån där som man skärper med bryne och byter reservdelar på. Men jag hör till dem som har sekatörer liggande lite varstans och varierar sekatör efter vad jag ska göra. En trestegssekatör för klippning av grövre grenar. De med sidoskär gör rena skarpa snitt istället för att trasa sönder och skapa inkörsportar för svampsjukdomar. Den med motskär, som lätt pressar sönder vävnaden i färska stjälkar och skadar transportssystemet, funkar däremot bra när något ska klippas ner på hösten och till fröställningar. Det nyaste inköpet med rullande handtag hittade jag alldeles nyss. Fortfarande liggande i sin obrutna förpackning. Undrar om den är bra?

Men titta. Här ligger ju ett erbjudande om prenumeration på ett av de glättiga trädgårdsmagasinen. Med en sekatör som bonusgåva. Få se nu. Skulle det inte vara bra med en ny sekatör?

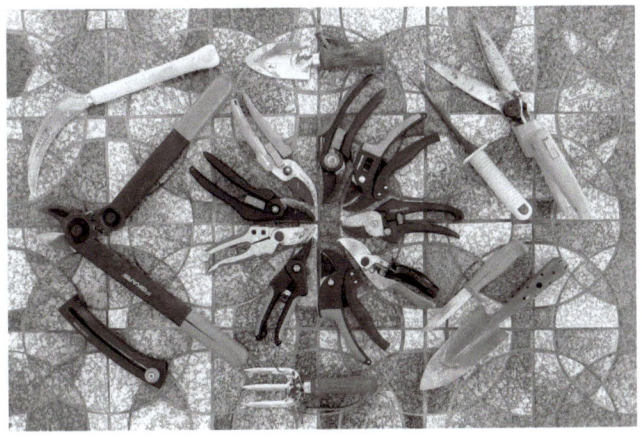

44. Inte utan mina pären

Att koka mandelpotatis är som att förätta en andakt. Det kräver fullständig närvaro och koncentration. Ett ögonblick av distraktion och det som nyss var perfekta knölar har förvandlats till mos. Helt okej - om det nu var mos man ville ha. Det är som med den lika välkända lappländska kokkaffekulturen. Visseljohanna måste bevakas och lyftas av vedspisen exakt när den likt dockan Sigrid tjuter *Färdig!* Annars blir resultatet en sumperuption.

Eftersom jag har mandelpotatis i generna har jag tidigare alltid gjort som traditionen bjuder och kokat den med skal. Min husman är inte lapplänning. När maten kommer på bordet ska den gå att stoppa rakt in i munnen. Inte först dissekeras.

Följdaktligen har jag blivit en avfälling och skalar numera mandeln innan kokning. Vilket gör den ännu mera benägen att koka sönder. Vilket kräver en ännu mera vaksam kocka. Somliga skulle kalla det för mindfulness eller yoga. Andra *Slow Food*. Jag kallar det matlagning.

Som lapplänning skiljer man historiskt sett på mandelpären och rundpären. Rundpären är allt som inte är mandel. Sånt man kan nedlåta sig till att äta till midsommar, bara för att mandeln ännu inte är skördeklar. Rundpären förknippas också med skolmatspären, idag även lasaretts- och äldreboendepotatis. Kokta för många timmar, eller rent av dagar, sedan och därefter varmhållna. Så att de har hunnit bilda en ny gummiliknande hud. Burr.

Idag känner jag till och odlar många fler sorters potatis. Förra året hade vi elva sorter. Flera är gamla sorter som 'Bjurholm' och 'Backpotatis'. Mandelpotatissortimentet har utökats med 'Blå mandel', 'Röd mandel' och 'Finsk mandel'. 'Rosamunda' och 'Eskilshem' är båda rödskaliga. 'Blå Kongo' är snygg i potatissallad - på tyska kallas den 'Blauer Schwede'. En nyare favorit är rödgulbrokiga 'Mayan Twilight'. Den kallas marsipanpotatis på tyska. 'Amadine' är en vanlig och god sort som finns i handeln. I år ska vi utöka med en rödköttig sort.

Potatis är lättare att odla än ris och pasta. Dessutom kan man vara en ganska lat odlare och ändå förunnas potatis. Medan pastan blir intressant genom form och såstillbehör så kan man förutom i sortvalet variera sin potatis i det oändliga: mosad, stekt, puréad, pressad, riven till rårakor, friterad, chipsad, i gratäng eller Janssons frestelse, kallpären till gnocchi eller potatissallad. Och vad vore norrlänningens liv utan palt? I gamla tider bryggde man även en dryck av potatis. Tänk att man kan bli helt berusad av potatis. Vilken knöl!

Här i norr odlades potatisen förr alltid på samma plats. År ut och år in. Jag minns aldrig att farfar bytte plats på sitt potatisland. Och aldrig hade man sjukdomar. Möjligen skorv som kom sig av att man hällt ut aska. Och naturligtvis tog man eget utsäde. Nuförtiden har det blivit kutym att köpa nytt utsäde varje år. Dumt tycker jag. Ja, inte om man ska börja med en ny sort - då är det viktigt att veta att knölen är frisk så att man inte får in sjukdomar. Men annars ingår hushållning och planering i odlarens tillvaro.

Potatisens Mecka ligger i Lappland. Ett stenkast söder om polcirkeln i fjällbyn Ammarnäs ligger Pärbacken, Sveriges åttonde underverk. Här på moränkullens sydsluttning i deltat mellan Vindelälven och Tjulån har man odlat potatis sedan 1830-talet. På samma plats! Det borde inte gå. Men det gör det.

En sommar hade vi en trädgårdsingenjörsstudent från SLU på praktik hos oss. Det blev mycket fokus på och prat om potatisen som kulturväxt. Vi lyckades indoktrinera henne till att samla in och dokumentera kunskap och berättelser om potatisodlingen på Pärbacken. Lisa Jonsén gjorde en kulturgärning i sista minuten. Idag är flera pärbackenodlare borta. Nu går hennes *"Hortikultur i fjällmiljö: typexempel Potatisbacken i Ammarnäs."* att ladda ner från nätet. Läs och lär allt om knölen som byggde en hel by.

Varje år i slutet av augusti arrangeras Pärfestivalen. Då bjuds det på nygrävd potatis från backen och helstekt ren. I år är det visst 30-årsjubileum. Låt oss vallfärda dit och hylla en riktig knöl!

45. Inte utan mitt pocketfjäll

Det måste ha varit när jag stod och beundrade den makalösa blomprakten i en fjällträdgård som insikten drabbade mig som ett slag. Min trädgård saknade det som borde utgöra huvudingrediensen i ett lappländskt blomsterparadis - utsikt över ett fjäll.

För en trädgård som är lycklig nog att få leva och blomstra i den vilda lappmarken är väl en mäktig fjällkuliss ett absolut och icke-förhandlingsbart baskrav. Iskalla snöiga fjällmassiv utgör en bistert effektfull kontrast till tokblommande pioner, stormhattar och liljor. Men nu hade jag inget fjäll.

Att förflytta Ammarfjället hem till mig var ogörligt, det begrep till och med jag. Men kan inte berget komma till mig, och jag inte vill flytta till berget, så återstår bara en sak att göra: att bygga ett pocketfjäll!

Platsen valdes med omsorg. I direkt söderläge, där våren märks allra först, fick det hänga samman med sittplatsen under häggen och bli en förlängning av denna. Min husman byggde först en rustik ram av timmerstockar, precis som man gjort i Fjällbotaniska i Hemavan. På så sätt lyfts fjällets små gnistrande juveler upp i en för tvåbenta mera lättnjuten nivå. Enklare att rensa också.

Materialet tillhandahöll vår gård helt gratis eftersom timmer och sten här växer alldeles av sig själv. I botten lade vi ut tjocka lager av tidningar, därefter grusblandad koskit. Sedan varvades större stenblock, så stora som husmannen orkade baxa, med mindre stenar, och däremellan grovt grus. Stenarna måste se inbäddade ut i gruset, inte flyta ovanpå. Det är en mycket svår konst, det påtalade redan Rock Garden-gurun Reginald Farrer. Risken finns att han spydigt skulle infoga även mitt pocketfjäll i sin kategori Hundgravar...

Inte heller lever det upp till epitetet De sju årstidernas trädgård, som Karl Foerster kallade sin *Steingarten* för. I mitt pocketfjäll dominerar de vårblommande växterna, men det är också syftet. Längre fram på säsongen finns det andra rabatter som tar över.

Snön har inte ens hunnit försvinna överallt förrän den vita och den cyklamenlila tibasten slår ut med ett rövardotterskt vårskrik. Våradonisen är inte långt efter, liksom auriklerna. Rådjuren har en enastående förmåga att äta lewisia och backsippor till vårfrukost. Men jag har ett knep - jag lägger ett bustaggigt roskvistknippe över rosetterna, då brukar de få vara ifred.

Sedan löser de bara av varandra. Röd rosenrot, lila alpaster och en upprättväxande rosa nejlika utan namn. Fjällbrud, rosenginst och olika arter *Pulsatilla*, däribland en tjusig frösådd svartsippa. Dvärgruta och fjällruta, blekgul klocklilja och azurlök. Och en vinröd slingerstormhatt som frösått sig själv i gruset.

Edelweiss och styvervide, *Salix* 'Boydii', gör alltid ett sobert intryck i sina grå kostymer, liksom den täta kudden av fjällkåpa som med sina silverkantade mörkgröna blad ser ut som tenntrådsstjärnor. Fjällsippans eklövsformade blad är inte heller osnygga.

Några som håller ut ända fram till senhösten är den svavelgula fjällvallmon, *Papaver radicatum*, och rosa alaskavallmo, *Papaver alboroseum*. Och som den

164

första att signalera höstankomst skiftar dvärgbjörken färg på de klotrunda bladen och byter från grönt till eldrött.

Pocketfjället är mitt smyckeskrin. Men det var länge sedan som stenpartier var på modet. Jag tycker verkligen att det är dags för en renässans. Ett pocketfjäll kan rymmas på den minsta tomt och ett hypertufatråg kan ge fjällkänsla åt din balkong utan att riskera balkongens bärighet. I en nära framtid är fjällets växter hotade i sin ursprungliga natur. Våra trädgårdar kan ge dem en tillflykt och få oss att värdesätta dem och deras miljöer högre.

Att skapandet av en fjällillusion hade lyckats förstod jag den dagen det plötsligt stod några renar på ängen nedanför pocketfjället. För det är ju inte alla renar som drar upp till bautafjällen över sommaren. De som missat bussen västerut nöjde sig tydligen med att beta av det gröna gräs som spirande. Kan en scenograf få en bättre bekräftelse på att kulissen lyckats än så?

165

46. Inte utan mina rosor

Det började egentligen oerhört fånigt. Med vår rosensamling alltså. Så här var det: När jag kom till gården så hade min nyblivne husman flera bisamhällen. I juni lyste hela nedre ängen gul. Av maskrosor. I juli lyste ängskanterna och dikena ceriserosa. Av rallarros. Ogräs? Inte alls. Husmannen var lika glad som bina för dessa underbara leverantörer av pollen och nektar som bina förvandlade till ljuvlig honung. Här skulle minsann inte rensas bort några maskrosor och rallarrosor.

Då tyckte jag att i så fall kunde vi ju lika gärna odla andra, riktiga rosor också. Billigt skämt, jag vet. Men så gick det i alla fall till när vi blev alldeles rostokiga.

Det finns rätt många olika sorters rosor. Julrosor till exempel. Så dessa fick göra rosenblågull, rosenplister och rosenriddarsporre sällskap som uppvaktning till Hansarosen, dockvresrosen, pimpinellrosen 'Poppius' och vresrosen 'Louise Bugnet' i vår första rabattkreation.

I pocketfjället växer flera sorters rosenrot plus rosenaurikel, rosenbräcka och rosenginst. Arontorpsros är ett gammalt namn på våradonis, och många arter i *Rhododendron*-släktet heter något med alpros. I våtbädden finns en rosenviva, längs stockkanten av en annan rabatt breder rosenslidet och rosenramsen ut sig. I växtis står en rosenklint i en kruka och en rosenpion i en annan - båda väntar de på att bli hämtade för utplantering.

Vid lekstugan finns ett buskage av rosenhallon, nära lunden står en rosenspirea. I krukorna på terrassen växer rosenknoppspelargoner, inomhus i fönstret blommar en rosenbegonia. I köksträdgården odlar min husman rosenkål och i växthuset har vi rosmarin. Solrosor och rosenskära är favoriter bland sommarblommorna, liksom sammetsrosen, vars vanligare namn är tagetes.

Stockrosor har däremot inte riktigt gillat läget vi erbjuder, och inte heller rosenflockeln. Inte äger vi några näckrosor, vilket dock beror på att vi än så länge saknar en sjö på gården. Och faktiskt saknar vi även en rosentry. Skämmas borde vi. En så härdig buske borde vi verkligen ha, särskilt som jag uppskattar dess knotiga benstomme.

Sådär ja. Nu har vi väl vidgat rosenhorisonten rejält? Fast du trodde förstås att den här krönikan skulle handla om mina riktiga rosor. De ur släktet *Rosa*. För vi har ju sådana rosor också. Faktiskt hel äng. Och det är minsann inga krävande kinkputterosor, utan rena rama värstingrosorna.

Det är för mycket plikt och helylle över köksträdgårdar skrev Lena Israelsson i boken Kål & krasse. På samma sätt tycker jag att det är alldeles på tok för mycket pjoskande och daltande med rosor. För rosor måste inte vara veka, klena och hypokondriskt lagda trädgårdskejsarinnor, vilande på rabattdivaner med krav på ständig uppassning från husfolket.

Min utgångspunkt är att det finns en mängd rosor som inte bara funkar i bistra förhållanden, utan rent av älskar en smaldiet med mager jordkost. Rosor som är friska och lättskötta, genuina och charmiga. Rosor som inte kräver ständiga insatser med sekatör och gödselvatten, men som ändå belönar sitt husfolk med överdådig blomning, ljuvlig doft och som dessutom serverar höstgodis i form av supernyttiga nypon som enkelt förvandlas till kulinariska läckerheter som håller trädgårdsdrömmarna vid liv under vintervilan.

Men. En krönika räcker inte långt för att vittna om ett rosigt liv. Jag vet mig ingen annan råd än att jag nog får damma av det där halvfärdiga manuset till en rosbok, så att jag får tillräckligt radutrymme att predika mig salig om *Rosa*.

Då ska jag också berätta om den spännande detektivjakten på retro- & vintagerosor som bär på en sagolik historia och som visar att inte ens ett vråltufft klimat kan stoppa rospassionen från att blomma ut.

Då ska jag servera alla rosnoviser och rosendyrkare med tidsbrist ett bra startkit av robusta hardcorerosor med stål i taggarna, som fixar allt från fjällmiljö och skärgårdsdito till asfaltsdjungel. Därefter skall förhållandet till trädgårdens drottning bliva mera jämbördigt och avslappnat. Leve min rosrevolution!

47. Inte utan mina nypon

Egentligen känns det där med blommor på ros-buskar lite överdrivet. Jag menar att så mycket fokus läggs på blommornas färg, form och doft, när det egentligen bara är nyponen man vill åt! Jag vet. Det är en motsägelse. För utan blommor blir det förstås inga nypon. Inga ståndare att hämta pollen från, inga pistiller att pollinera. Därmed ingen fruktsättning. Inga nypon. Och ju märkvärdigare och mångkronbladigare blomman är, desto färre nypon blir det eftersom bin, humlor och flugor inte kommer åt att befrukta. Enkla rosor ger däremot för det mesta många nypon.

Med den lilla botaniska petitessen noterad och lagd till handlingarna, kan vi väl enas om att det räcker fullkomligt med enkelblommande vilda art-rosor som tokblommar en kort och underbar period men som sedan inriktar sig på det viktigaste: att pro-ducera massor av nypon.

Nypon är egentligen en så kallad skenfrukt. Det är nötterna som är de riktiga fröna. Med dem kan man så sin egen ros. Rena arter kommer för det mesta äkta från frö, medan de komplexa hybridrosor som är vanliga i trädgårdar ger upphov till helt nya sorter. Någon Mariana-ros har jag inte provat på att förädla fram. Men om så vore fallet skulle det garanterat vara en daggroskorsning.

Rossådd är en tålamodsprövande sport. Jag har en ung äppelroshäck som är sådd från frö ur några nypon från Vadstena kloster. Jag sådde dem 2008 och efter

ett flertal omskolningar och gradvisa krukuppgrader-
ingar så var det till sist dags för utplantering. År 2014.
Då var de ca 30 centimeter höga... Men med välrotade
klumpar har de etablerat sig väl.

Nypon uppvisar en enorm variation i storlek, form
och färg. Allt från små knappnålshuvuden i knippen
till stora plattrunda vresrosnypon. Från bergsrosens
orange flaskformade över kanelrosens julröda klot-
runda till pimpinellrosens svarta platta.

Somliga är täckta av små fina hår. De kallas för
glandler och är i själva verket doftkörtlar. Gnid
nyponet på en Hurdalsros och lukta sedan på fingrarna
- det doftar harts!

Rosornas "andra blomning" passar även utmärkt
till dekorationer och kransar. Och skulle man inte
skörda alla nypon så blir de till vinterglädje både för
oss och fåglarna. Många av de bästa nyponleverantör-
erna är också bushärdiga vilket verkligen inte gör
saken sämre.

Olika nypon passar för olika matnyttiga använd-
ningsområden. Pimpinellrosen 'Poppius' rödbruna
nypon är hårda och lämpar sig därför bra om man vill
ägna sig åt det tämligen tröstlösa görat att kärna ur
nyponen och torka till te. Är man latare funkar hårda
nypon perfekt att bara lägga i en glasburk och hälla
brännvin över, låta stå i köket i en månad och sedan
sila av till snaps.

Örträskrosens köttiga nypon mognar tidigt och är
perfekta att koka nyponmos av. Detsamma gäller för
dockvresrosen och min favorit daggrosen. Koka
nyponen med lite vatten tills de är mjuka. Sila bort
avkoket. Det kan användas till dricka, då sockrar man

efter behag. Själva använder vi det i gårdens vin och till glögg. Nyponen i silen landar sedan i passervaggan. Moset som trycks ut blir till marmelad och nyponsoppa. Jag sockrar lite och fryser in moset i små burkar. Nyponmos är gott på surdegsbröd. En sked upptinat mos blandat med vatten i ett glas blir en uppiggande och mättande frukostdryck - det är mitt alternativ till filmjölkstallrik. I år räckte mitt nyponmosförråd fram till slutet av februari. Mitt mål är att snart vara helt självförsörjande på nypon och slippa köpa fabrikssoppa.

Nypon är inte bara goda, de är supernyttiga också. Nypon är verksamt mot reumatiska sjukdomar som artros samt infektioner. De är också enormt rika på C-vitamin. Torkade nypon kan innehålla åtta gånger så hög halt C-vitaminhalt som apelsiner, och färska nypon upp till 22 så mycket.

Nypon är ju dessutom betydligt mera lättodlade i tufft klimat än apelsiner. Ännu ett bra skäl till att odla rosor och skörda nyponen, så att man slipper betala pengar för besprutade långresenärer från Långtbortistan eller kemiindustripiller.

Så vadå *bara* nyponrosor?

48. Att odla det goda livet

Det slår aldrig fel. Antingen tycker folk att vi är helt fantastiska som odlar vår trädgård här ute i den lappländska vildmarken och att vi arbetar med trädgårdsprojekten tillsammans. Eller också undrar besökarna om vi är riktigt kloka som inte producerar grönsaker för att sälja dem, och inte heller har valt en annan, i deras ögon gynnsammare, plats än zon 7. Plus att vi arbetar ihop.

Båda har rätt. Det underlättar att vara fantastisk om man är lite knäpp. Särskilt om man som vi odlar rosor och potatis för nytta och nöje men inte som varor. I vår trädgård odlar vi det goda livet.

Egentligen är uttrycket helt obrukbart på svenska för det har blivit synonymt med lyx och flärd. Det har ingenting med vår version att göra. Trädgården är det tydligaste uttrycket för hur vi har valt att gestalta ett gott liv. En helhet som förutom odlingen innefattar energiförsörjning, ekonomi och hushållning. För många ter det sig som en idyllisk Bullerbytillvaro att själv disponera sin tid, vara verksam där man bor och att bara tjäna det som behövs.

För oss är potatisarna, löken och kålen vad papperspengar är för andra. Träden som växer i skogen är ved till uppvärmning och material att bygga växthus och odlingsbäddar av. När vi planterar ärtor frodas kunskap och erfarenhet av hur man bäst lyckas med just dessa sorter, på just den här platsen.

Vi odlar inte bara kvanne utan också tacksamhet, vi skördar inte bara nypon utan också hälsa. Lingonplockning är gratis terapi och solen ger oss elenergi. Rosorna bjuder på skönhet, och gestaltningen av trädgården är övningar i estetik och design. I vår trädgård hålls dessutom en hortikulturell historia vid liv i de gamla ärvda växterna. Här växer mina ord och hans fotografier.

Ja, ni hör ju. Odlingen har stigit mig åt huvudet som den värsta vallmodimma. Men det är lätt att bli berusad av odlingsendorfiner. Att man dillar persilja får väl vara en förlåtet.

Som tur är finns det andra odlande knäppskallar att inspireras av. Som amerikanen Scott Nearing. Han hade en lång karriär som ekonom, sociolog och författare bakom sig när hans pacifism och motstånd mot USA:s inträde i första världskriget gjorde honom till en persona non grata inom universitetsvärlden.

1932 drog han därför ut på landet tillsammans med sin fru Helen för att skapa sig ett annat liv - ett gott liv. De byggde hus, högg ved och anlade trädgård, samt undervisade och skrev böcker om allt från politik, ekonomi, jämställdhet och fred till självhushållning, ekologisk odling, lönnsirapstillverkning och vegetarisk matlagning. Dagen inrättades med fyra timmar fysiskt arbete på gården, fyra timmar studier och skrivande, samt fyra timmar socialt umgänge. Resten var vila. Vintern var ledig tid för resor och föredrag.

På sin första farm i Vermont tillverkade de lönnsirap för att få den lilla pekuniära inkomst de tyckte sig ha behov av. När området tjugo år senare förvandlades till en tummelplats för skidturister, bröt de upp och flyttade till Maine där de började om från början.

Då var han sjuttio och hon femtio. Med sig fraktade de det allra mest värdefulla för att påbörja odling på ett nytt ställe - komposten!

Alltfler unga människor började söka sig till dem för att dela deras vardag och utbyta tankar om hur man kan gestalta och leva ett gott liv. Detta blev grunden till *The Good Life Center*, som är verksamt än i dag. Deras böcker kommer ständigt ut i nya upplagor. Scott levde tills han fyllt hundra år, då avrundade han sitt goda liv genom att helt enkelt sluta äta och dricka för att möta den goda döden. Helen omkom i en olycka när hon var nittioett, annars hade hon säkert också uppnått hundraårsåldern.

Själva är vi bara halvvägs dit. Men vi är rätt glada över att vi redan hunnit etablera oss på den här gården i nära tjugo år och inte först nu tar de första stegen mot förverkligandet av vår vision av det goda livet.

Fast å andra sidan - det är ju aldrig någonsin för sent för att påbörja odlingen av ett gott liv.

Del III

Blandad kompost

49. Krig mot terminatortomater

I affärens grönsaksdisk dyker det allt oftare upp frukter som marknadsförs med epitetet *seed-less*. Det började med kärnfria vindruvor och har fortsatt med meloner och klementiner utan frön eller kärnor. Visserligen kan de små kärnorna i vindruvorna vara besvärliga, särskilt för barn, men likt en radiospanare undrar jag misstänksamt om det här inte bara handlar om en oskyldig trend, utan att man också kan ana en större bakomliggande orsak. Avslöjar i själva verket de frölösa frukterna en pryd attityd till köksväxternas sexliv? Ett uttryck för sexskräck i grönsakslandet?

Sanningen är ju den att trädgård uteslutande handlar om sex. Likt viktorianska damer låtsas vi inte om det faktum att vi i trädgården är omgivna av sexgalna monster, vars enda tanke är att föröka sig som tokiga. Den där aklejan som ser ut som en ljuv och blyg oskuld, är i själva verket en promiskuös nymfoman. Blågull och kummin kopulerar värre än hormonstinna tonåringar. Björkar, tall och gran sprutar pollen omkring sig så att bilen blir gul-dammig. Ja, vissa växter går så långt att de inte nöjer sig med självtillfredsställelse, utan rent av lyckas befrukta sig själva! Och som prostituerade slavar vältrar bina sig i pollen, och raglar sedan vidare till nästa partner.

Det är nog bara en tidsfråga innan Jordbruksverket ingriper för att, inspirerade av Socialstyrelsen, på sedvanligt myndighetsmaner starta en informationskampanj riktad till humlorna: Pollinera med ansvar! Som katolik kan jag inte låta bli att ställa mig

frågan vad påven skulle ha att säga om preventiv-
medel för grönsaker och aborterande av vindruvs-
foster... Införandet av begränsningsmetoder i växter-
nas fortplantning är den hortikulturella motsvarig-
heten till den kinesiska ett-barns-politiken, fast med
nollvison. Vad händer i framtiden, när de frölösa
växterna kräver sin rätt till IVF-behandling?

Men troligen är jag helt fel ute med min antisex-
teori. I själva verket är de frölösa vindruvorna ännu en
potemkinkuliss, bakom vilken samma sorgligt stereo-
typa motiv som hos mordet i en Christie-deckare
döljer sig: maktbegär och girighet. Det är inte alls
fråga om omtanke för kvävningsrisker eller tandskad-
or. De som har intresse av att producera sterila, kön-
lösa grönsaker är de multinationella frökoncernerna.

Att sälja tjugo ton frön över hela världen till en
enda sorts blekfisig tomat är självklart mera lönande
än att sälja tjugo småportionspåsar av en knölig, trans-
portoduglig men himmelssmakande gammal lokalsort
från Ytterstmark, mest bara till invånarna i sagda by.

Men det handlar inte bara om den ekonomiska
aspekten, utan om kontroll. En frölös gurka gör det
nämligen stört omöjligt för någon annan än detta
företag att föröka sorten, genom att till exempel spara
frön till nästa sådd. Dagens kastrattomater är resultatet
av inavel, en laboratorieprodukt som utgör slutet av en
återvändsgränd. Infertila missfoster, och sin organ-
storlek till trots är den präktiga zuccinin i själva verket
inget annat än en snöpt eunuck.

Utkonkurrerade gamla kultursorter ersätts av
växter med en inbyggd copyright. I patentens spår
följer rättsprocesser, och i många fattiga länder är

denna strukturella utveckling med privatisering av tidigare allmännyttiga kulturväxter roten till försörjningskatastofer för miljontals människor. För vad händer när den enda tillåtna majssorten släpps ut från labbet och drabbas av sjukdom?

Fröenfald är livsfarlig. Som hemträdgårdsodlare är det dags att vi vågar vägra viagrastinna broilersorter utan reproduktionsförmåga, och lurar eller kringgår systemet allt vi orkar. Skippa alla F1-hybrider. Lär dig att fröodla och medverka i fröbytarbörser som föreningen Sesam.

I slutändan ska vi inte bli förvånade ifall den stora datajätten patenterar frukten de har som symbol. Därefter måste plantskolorna betala en licensavgift per äppelträd. Staden New York får inte längre omnämnas som The Big Apple. Det går så långt att Bibeln måste skrivas om. I skapelseberättelsen bjöd Eva naturligtvis inte Adam på - ja, ni vet vilken frukt...

50. Drabbad av trädgårdssjukan

Stackars dig! Jag lider verkligen med dig som nyligen drabbats av *Bacillus horticulturans*, alltså den fruktade trädgårdssjukan, och jag förstår att du ännu inte anat vidden av denna sjukdom och vilka konsekvenser den kan få för ditt liv.

Jag vet nämligen själv hur det är. Jag trodde länge att jag var immun mot TGS, men så slog den oväntat till. Och eftersom jag fått den mest svårartade formen kommer jag nog aldrig att bli riktigt frisk igen.

Sjukdomen är lömsk, den kan utlösas av något så enkelt som fingrars plötsliga kontakt med jord, och yttrar sig bland annat genom att den sjuke drabbas av en oemotståndlig lust att så frön, plantera och skörda. Han börjar frenetiskt gräva rabatter och gå fram som en jordfräs över gräsmattan för att ersätta denna med köksland, dammar och buskage.

Om jordytan är begränsad verkar detta på intet sätt hämmande, tvärtom införskaffas pallkragar för att så kunna odla på höjden. Trädgårdstidningar och trädgårdsböcker översvämmar brevlådor och bokhyllor, lådor fylls med fröpåsar och kylskåp med frösådder.

Biverkningarna är svåra. Inte nog med att den sjuke inte längre förmår att samtala om något annat än frönyheter och konsten att kompostera - ekonomiskt drabbas också familjen, eftersom inköpen av jord, växter, stenplattor, damm med pump, spadar, växthus och andra trädgårdsingredienser nu slukar allt mera av familjens inkomster.

181

Det har till och med vittnats om att i en del hem lämnas man och barn utan middag för att mamman är ute och gräver i trädgården tills fram på småtimmarna! Ty idag är det mest kvinnor mellan 30-50 år som drabbas, men tendensen är tydlig: allt fler unga kvinnor och män i storstäder insjuknar och hemfaller då ofta åt olagligt odlande på ockuperad mark, så kallat *Guerilla-Gardening-Syndrome, GGS*. Ofta i samband med att första barnet föds, då önskan väcks att kunna ge barnet giftfri mat. Anlaget att få sjukdomen kan då lätt överföras till nästkommande generation.

Sjukdomen är ännu tämligen okänd inom vården, och läkare står ofta handfallna inför den hjälpsökandes symptom. Det är förstås också en resursfråga hur landstinget väljer att satsa sina vårdinsatser.

Vi som drabbats får nog även fortsättningsvis lida i tysthet och söka tröst i vetskapen att efter vår kommer höst och att symptomen då lindras en aning. Fram tills de första frökatalogerna dimper ner i brevlådan strax före jul. Då är det klippt igen!

Dessvärre finns inget botemedel och den enda behandling som står till buds går ut på successivt avvänja den sjuke från all slags odling, distrahera honom och skingra de tvångsmässiga tankarna på grönska.

Det saknas ännu mycket forskning på området innan ett vaccin eventuellt kan framställas, som kan bromsa den snabba spridningen av sjukdomen och förhindra nya sjukdomsfall, enligt kemibefrämjande-minister Myra Väck-Provado.

Enligt professor Ville Asfalth-Era-Mera kan så många som 100.000 svenskar vara drabbade, men

182

mörkertalet är stort. Enligt honom är risken att drabbas särskilt stor inom mötesplatser som till exempel trädgårdsföreningar och han varnar därför för att uppsöka sådana samlingar.

För dig som läser detta kommer denna varning troligen försent. Jag hoppas ändå att detta nummer av Rotposten ska vara till hjälp som nyligen drabbats av trädgårdssjukan. Välkommen till vår patientförening!

51. Trädgård är ju precis som fotboll!

Så var det äntligen dags igen. Ja, för fotbolls-EM alltså, vad trodde ni? Denna OS-sommar har man faktiskt en legitim anledning att ställa undan grepen och ta sig en välförtjänt paus framför tv:n. Inte för att jag tror på svenskarnas chans direkt - nej, de är lika överskattade som svenska bidrag i schlager-EM. Men spännande underhållning är det ändå.

Fast vad har nu fotboll gemensamt med trädgård? Förutom drömmen om den perfekta gräsmattan för-stås... Tja, vid första ögonkastet, inte så mycket. Tävlingsmomentet är ju inte lika framträdande i trädgårds-världen, om det inte rör sig om att få 1:a pris i plöj-ningstävlan, eller att bli utsedda till Sveriges bästa trädgårdssällskap förstås! Hejarklack med halsdukar? Vi har ju vår lappländska matchuniform med gröna jackor och svarta blomstertröjor i Lappmarkens träd-gårdssällskap, kanske räknas det?

Men huliganer - *det* kan vi nog säkert plocka fram! Jamen, kolla bara hur det går till vid startskottet på växtmarknaden - där är en del nog beredda att gå över lik för att hinna först till en viss växt...

Däremot kan man inte jämställa mediabevak-ningen av fotboll och trädgård ens på samma dag. Det skrivs spaltmeter om Zlatans skadade knä, men vem brydde sig om Ulf Nordfjells nerver inför Chelsea Flower Show?

Och tänk er bara vilket ramaskri det skulle bli om Sportspegeln behandlade ämnet sport på samma trivi-ala sätt som tv gör med trädgård, och alltså lättsamt berätta om hur man piffar upp omklädningsrummet med ny färg och träträll i duschen, istället för att servera seriösa målanalyser och ligatabeller.

Visst finns det stjärnor i trädgårdsvärlden, fast jag tror inte att Ulf Nordfjell tjänar lika bra som Luca Toni i Bayern München. Nej, det känns som om min strävan efter att hitta likheter faller lika platt till marken som den värsta sportkommentatorsplattityd... Det krävs nog en engelsman för att förena fotboll och trädgård!

Men så häromdagen slog det mig: att hålla på med trädgård i Lappland, det är ju *precis* som att spela damfotboll! Där började det också med en styvfaderligt överlägsen attityd från grabbarna, oro för att "tjejerna skulle förstöra planen" och åsikten att damfotboll bara är en halvtaskig kopia av riktig fotboll, i stället för att bedöma den utifrån sina egna kvaliteter.

Visst känns väl det igen? För precis så är synen på trädgårdar norr om Dalälven. I bästa fall en klapp på huvudet från dem som sysslar med *riktig* trädgård, med växter som blåregn och buxbom, med mördarsnigeljakt och som behöver städsegröna växter om vintern.

Vänta bara! Damfotbollens Mecka ligger faktiskt i Umeå - och nu är det dags att också vända upp och ner på trädgårdskartan! För se rätt vad det var, så fick ju nämligen damerna i Umeå IK plötsligt välja träningstider *före* manliga Umeå FC... Och snart är det lappländska trädgårdar som det skrivs spaltmetrar om, och som väcker habegär och längtan efter fjällträdgårdar.

När folk har tröttnat på medelhavskänsla och prärielook vänds blickarna mot - vadå? Jo, mot våra inhemska fjällväxter, som på grund av hotet från

185

klimatförändringarna snart behöver finna en fristad i våra trädgårdar för att överleva. Att anlägga ett fjäll-parti i trädgården - när får vi den första anläggnings-beskrivningen för detta i trädgårdstidningarna?

Det här numret av Rotposten har lappländska träd-gårdar som tema. Det delas också ut till deltagarna i Riksförbundet Svensk Trädgårds sommarmöte som för första gången äger rum i Lappmarken. Det är vår ambition att med detta nummer ge oss in i trädgårds-matchen på riktigt.

Inte vinner man EM-guld om man är mesig eller tror att det är bara att ställa in skorna i matchen mot korplaget. Vinna handlar om attityd, att ettrigt för-svara sig och sitt mål, ständigt ligga på topp och satsa offensivt. En sak är säker: i sommar tänker Lapp-markens trädgårdssällskap sikta högre. Mot Champ-ions League-finalen!

hälsar hejaklacksledaren Mariana

186

52. Vilda trädgårdsfantasier

Jag har en hemlig last. Jag går nämligen igång på nya hus. Hus som ännu står helt nakna, utan trädgård. Så fort jag ser ett nybyggt eller nyrenoverat hus börjar jag genast fantisera om vilken trädgård detta vackra hus kunde få.

Nära sjukhuset har ett slitet gammalt hus nyligen rustats upp och givits en modern funkisinspirerad svartmålad fasad med ett runt fönster. På tomten ligger stora huggna stenblock. Några tallar och björkar, lite lingonris, är vad som finns nu. Det ser ut att erbjuda en mager och solig växtplats. Varje gång jag passerar huset grubblar jag på växter och utformning.

Vajande prydnadsgräs - absolut. Ett litet träd med vackert bladverk - pärlrönn kanske. Vallmo helt klart, som får fröså sig och skapa lite spontanitet. Och det behövs definitivt en elegant lärkhäck mot grannen. Det bör vara enkelt, propert, smakfullt. Mera form, bladverk och stammar än blommor, mera höst- och vintervackert framför sommarblom. Så läckert det skulle kunna bli!

På hemväg följer jag nyfiket husbygget i en grusgrop lite på avstånd. Denna präktiga herrgård måste förstås ha en helt annan trädgård, som passar till dess karaktär men också till platsen. Något formellt med raka linjer borde finnas nära byggnaden.

Varför inte en uppfart med en pelaraspallé, lite fräckt lagd på diagonalen? Kanske en traditionellt utformad krydd- eller örtagård med fyra kvarter? Dessa växter gillar ju sol och grusig mark. Apropå grusig -

187

en *Gravel Garden* med torktåliga växter bland sten-skravel och grus måste förstås finnas. Liksom en praktfull rabatt med storvuxna perenner. För stort måste allt vara, för att passa till proportionerna på huset och omgivningen.

Ja, så där kan jag hålla på. Det är lika kul som att bygga hus med lego. Att utforma trädgårdar i fantasin har dessutom fördelarna att jag inte själv måste anlägga det och kan frossa i växter och utformning som inte funkar hemma hos mig. Övning i trädgårds-design bara för nöjes skull! Jag förmodar dock att även dessa tjusiga hus snart föräras ännu en urtrist gräsmatta...

En annan fantasi väcktes när jag sist satt och klist-rade adressetiketter på Rotposten. Påfallande många medlemmar bor på en trädgårdsrelaterad gata. En på Tallvägen, en annan på Parkgatan. Ovanligt många bor på Stallvägen. Några bor i Björkberg, en i Lönn-berg (växer det alltså lönnar där?). Folk bor på Gran-eller Ljungvägen, på Frukt-, Bär- eller Grönsaksstig-en, liksom på Slåtter-, Åker-, Korn- och Timotej-vägen.

Är det alltså predestinerande att bli en trädgårds-nörd om man bor på en gata med blomsternamn? Utvecklar man gröna fingrar av att bo i Blomsterhult? Eller känner man rent av ett visst socialt tryck att ha en fin trädgård på Odlarvägen? Och borde då inte Zlatan ha blivit rosguru av att växa upp i Rosengård, istället för fotbollsspelare?

Som barn bodde jag på Sommarvägen, och mina föräldrar byggde mycket riktigt upp en fin trädgård

där. Sen flyttade vi till det mera prosaiska Måndags-
vägen. Namnet till trots lyckades de faktiskt göra
trädgård även där, vilket kanske motsätter min tes.
Möjligen levde de fortfarande under kreativt inflyt-
ande av blomsterångorna från Sommarvägen!

Fast tänk om man kunde få välja ett nytt och eget
namn till sin by eller gata... Vilken fantastisk träd-
gårdsutveckling skulle vi då få se här i lappmarken
med platser som Poppelgård, Kornellåsen, Kvanne-
avan, Svartvinbärsliden och Bollpilsplatsen! Vad
skulle du döpa din väg eller by till?

189

53. Konsten att odla äpple i lappmarken

Kan man odla äpplen i Lappland, brukar folk fråga. Javisst, svarar jag. Förutom äppelträd och spade behöver du följande: en jägare, en katt samt ett gäng tvåmeterskäppar. Jägaren bevakar trädet, dag som natt, mot älgar, harar och rådjur. Kattens plikt är att skydda trädet mot sork. Och nedslagna käppar i en ring runt trädet utgör hinder mot skoteröverkörning under vintern. Med denna utrustning har du en god chans att ditt äppelträd får uppleva mer än en lappländsk vinter!

Skämt åsido. Men faktum är att vilt- och skoterskador utgör de största hoten mot äppelträd i våra trakter. Man får vidta samtliga skyddsåtgärder mot detta. Platsen är också viktig. Välj en solig, varm, vindskyddad plats med lätt men ändå fuktighetshållande jord. Här i norr beskär man fruktträd så lite som överhuvudtaget är möjligt. Ta bara bort död ved och grenar som växer inåt eller ligger och skaver på varandra. Gödsla sparsamt, lite utströdd aska på marken om hösten gynnar fruktmognaden.

Äpplen ympas på olika grundstammar som bestämmer hur trädet ska växa. En svagväxande grundstam som B9 ger ett litet och klenare träd som bär frukt redan som ung. Starkväxande grundstam som A2 ger större och kraftigare träd, och här i norr har vi ju gott om utrymme och kan låta träden få ta plats.

För lappländska trädgårdar fungerar bland annat sorterna 'Silva', 'Rödluvan' samt landskapsäpplena 'Resque' (Lapplands) och 'Transparente Blanche' (Västerbottens). Från Finland och Ryssland kommer många härdiga sorter som tål ett tufft klimat: 'Antonovka', 'Borgowskoje', 'Suislepper', 'Tsaarin Kilpi'. Vissa namn låter mer lockande än andra: melonäpple, kaneläpple och päronäpple. Nog blir man rätt sugen att prova ett sådant. Ett familjeträd har inympade grenar av olika sorter - röda, gröna och gula äpplen på samma träd är klart coolt.

Ett blommande äppelträd är en ljuvlig trädgårds-upplevelse, men äppelodlartraditionen i lappmarken är inte alls lika vanlig som längs Västerbottenskusten. Fast i Karlsgård utanför Lycksele står faktiskt ett ur-gammalt äppelträd, som såddes med en äppelkärna år 1918. Med ålderns rätt lutar sig trädet lite trött mot den grånade timmerstugeväggen. Frösådder brukar bli sura "hästäpplen" men Karlsgårdsäpplet ger än idag frukt som räcker till flera burkar supergott äppelmos. Vilken jullyx till skinkan!

Det är sällan att fruktträd blir så gamla i våra trakter. När sork och älg med gemensamma krafter tagit kål på vårt fjärde äppelträd gav vi upp äppel-drömmen. Fast vi har faktiskt, hör och häpna, ett päronträd. Men snälla - lova att du inte skvallrar om det till vilddjuren!

54. Den bärbara trädgården

Jag har skaffat mig en ny trädgård. Och ni kan bara inte tro hur lättskött den är! Den behöver aldrig vattnas. Inga ogräs måste någonsin rensas. Och inte nog med det. Den låter sig ommöbleras på ett ögonblick! Med ett enkelt handgrepp flyttar jag växthuset från ena sidan tomten till den andra. Resor - inga problem. Bara att stoppa ner den i portföljen. Låter nästan för bra för att vara sant, eller hur?

Jag har alltså byggt en mobil trädgård i miniatyrformat. En trädgårdsmodell i form av en jutevävsklädd frigolitplatta, som kan täckas med gräsmatta (grön filt) alternativt annan markbeläggning. Ett hus och ett garage i papp. En tunn plastask gav material till ett växthus. En rönnbärsgren har blivit ett helt träd, och lummern kan med lite fantasi föreställa allt från syren till rododendron. Några bitar grön oasis kan bilda häck. En fickspegel har blivit en damm. Eterneller blir till perenner. Allting är flyttbart och föränderligt på tomten.

Modellen är ett jättebra sätt att flerdimensionellt åskådliggöra hur trädgården kan förändras utifrån placeringen av en häck, ett träd eller en byggnad. När jag har kurser i trädgårdsdesign är det en ständig utmaning att försöka hitta sätt som gör det lättare att se hur trädgården skulle kunna se ut med en annorlunda lösning. Hur ser det ut om man planterar en häck, ett buskage eller bygger ett staket här? Om det går en stig här? Och var är det bäst att ställa växthuset? Modellen gör det enklare att se möjligheterna.

En annan metod att göra tänkbara förändringar mera tydliga för ögat är att först fota trädgården från olika håll, även från gatan och taket. Om man kan skriva ut bilderna själv i A4-format är det en fördel, annars går det bra med vanlig storlek. Lägg sedan en OH-film över bilderna och rita in olika objekt med en OH-penna. Ett träd i slutlig storlek, en häck, en gång, en rabatt, en sittplats, eller vad du nu vill prova. Bekymra dig inte över att du inte kan rita. Huvudsaken är inte att göra ett konstverk utan att få en bild av hur trädgården kan förändras.

Så prova! Våga leka och tänka nytt. Bygg en egen modell av din trädgård och testa olika varianter. Enkelt om du har barn - du snor helt sonika deras LEGO-bitar... Eller (den trevliga varianten) varför inte sätta dina små raringar i arbete med att hjälpa dig att bygga en modell av trädgården? Den kanske inte blir med verkligheten korrekt överensstämmande men jag lovar att ni kommer att få nya bilder i huvudet!

Efter pocketboken kommer *The Pocket Garden*. Den bärbara trädgården är ett faktum! Men det är klart. Några kryddiga blomdofter ger den inte ifrån sig. Inga solvarma tomater att stoppa i munnen heller. Allt kan den portabla trädgården inte ge oss... För det duger bara liveversionen!

55. Odla bönor & böner

Det doftar hopp i växthuset. Jordigt, frodigt, livsmodigt. På vägen hit möttes jag av julrosen som rätat på nacken och orädd slagit ut sina knoppar fast snön knappt smält bort runtomkring den. I slänten är narcisserna också på gång, beredda att trumpeta ut budskapet om uppståndelsen.

I förodlingstältet i växthuset är det proppfullt. Ur krukorna spirar små raska plantbebisar. Första chilisarna mognar, tomatplantor står på kö för att krukas om, och det är också dags att skola om kryddtagetesen. Men idag står bönor på programmet. Medan jag textar sortnamnet på etiketterna funderar jag på likheterna mellan bönor och böner. Att odla bönor i lappmarken är en utmaning, likaväl som bönerna är det här i den yttersta diasporan där vi får vara glada om vi kan delta i en mässa per månad.

Ta till exempel det där med jordmån. Bönor hatar kall och blöt jord, fröna önskar sig en jordtemperatur på minst 12 grader för att gro. Att förodla dem istället för att så ute på plats är därför ett måste i vårt klimat så att man får färdiga plantor att sätta ut när det blivit tillräckligt varmt. Jag tänker att man nog kunde behöva förkultivera sina böner också. Så ofta ber jag mina böner på språng, i all hast. Eller okoncentrerad och trött. En bön som man sår i ett lugn och stilla rum, i ett rofyllt hjärta, ger förmodligen bönen en bättre god grogrund att spira i.

Det är supernyttigt också, med bönor och böner. Bönor är proteinrika, mineralstinna och vitaminfyllda, och ett jättebra vegoalternativ till kött. Och det är ju betydligt enklare att odla några bönor än att föda upp en ko i sin trädgård. På samma sätt föder vi vår andliga kropp med böner, och ger den näring att orka växa och blomma. Det finurliga med bönor är att de binder luftens kväve i jorden med sina rötter och alltså gödslar jorden för kommande grödor. Precis som med böner. En bön göder nästa bön och lägger grunden till en vana att be.

Sortvalet är också av betydelse för bönresultatet. I varmare klimat kan man odla högväxande störpurpurbönor ute på friland. Icke här. Visserligen blir våra bönor gödslade med midnattssol men värmesumman är inte tillräcklig för sydländska grönsaksturister om man inte odlar dem i växthus. Nej, här gäller det att hitta härdiga tuffingar som inte räds kyliga nattemperaturer. Kultursorter av bondbönor som 'Lappland' och 'Göteryd' klarar sig bra, liksom en låg buskbrytböna med sortnamnet 'Labrador' som fixar Lappland lika bra som hemlandet Kanada.

På samma sätt är det väl med böner. Ingen vits att starta med avancerade och komplicerade bönemetoder som kräver vana och träning, eller frodas bättre i avskild klostermiljö, när man istället kan välja en liten enkel färdigförpackad bön som rosenkransen och korsvägen som fungerar även i de bistraste och kärvaste lägen.

Så istället för att odla paternosterbönor och monstransbönor från Medelhavet i min trädgård satsar jag på våra trogna och beprövade bönevänner. Jag sätter dem med en bön istället.

195

Sagan om boken som spirade ur snö

Det var en gång ett fruntimmer med en väldigt snygg trädgårdshatt. Hon levde och odlade långt ute i den lappländska vildmarken. En vacker höstdag för så där ett år sedan satte sig fruntimret tillrätta i träfåtöljen under häggen och började fundera på den gröna tråden som skulle löpa genom det kommande årets trädgårdskrönikor i den välansedda och ickekommersiellt drivna tidningen Hemträdgården.

Hon såg ut över pocketfjället. Plötsligt kom ett idépollen flygande, och for rakt i hjärnkontorets kompost! Där landande det på en fantasifull ståndare. Och vips började ett frö att tokgro. Såjorden var perfekt för just detta frö. Magernäringsrik, väldränerat fuktighetshållande och surkalkhaltig. Grodden spirade och turboväxte av all midnattssolsgödning.

Berättarsaven steg i ådrorna på fruntimret, flödade ut genom fingrarna och blyertspennans träskaft. På pappersarket spirade bokstäver. Små ordfrön bildade långa meningsplantor som snart hade format långa kapitelrabatter.

Det dök upp flera sättpotatisar som ville bli inskrivna i rabatten. En visade sig utvecklas till sorten Mina, en ung trädgårdsingenjörsstudent med växtplatsångest. En annan knöl blev till syster Anna-Maria, en nunna som nyss blivit uppryckt med rötterna. Och den tredje rhizomen fick namnet Sara-Kajsa. En egensinnig samisk trädgårdsdesigner som skördat stora framgångar men som nu valt att dra upp nya fåror för trädgårdskonstens utformning när hon utvecklar den nya Jardin Noir-stilen.

Men det flög också in sporer till andra karaktärer, så fruntimret fortsatte att beväxta historien med en skotte som hade potatis i generna, en eremitisk självhushållare som vägrar att odla kapitalistiska grönsaker och en storstadsrotad landskapsarkitekt. Hon planterade en klosteravläggare, skolade om en Potatisbacke och ympade in odlingstips. Även kunskapsskott och vishetssticklingar smög sig diskret in mellan raderna. Sedan myllade hon raskt ner alltihopa i en okuvlig liten fjällby vid vägens början. I Akkatjärn möts människoplantorna. De odlar potatis och hopp. Beskär buskar och varandra. Planterar rosor och idéer. Ur detta börjar det spira ur snö. Ett Aconitek, ett chipseri och en Hortus Dolorosus. För tänk ändå vad allting har lätt för att växa där!

Berättelsen växte och artade sig väl. Men det var ett fasligt bestyr med denna litterära trädgård. Ibland fick fruntimret stötta och binda upp några lingvistiska slingor som hotade att knäckas. Några ordrader måste kupas. Samtidigt måste även krokiga gurkstycken få finnas, eftersom fruntimret ansåg att det är viktigt att odla mångfald istället för enfald.

Fruntimret drog upp nya ordrader och skrev sedan vidare i dem. Då hösten övergick i vinter flyttade hon inomhus. Där satt hon i sitt soffhörn, skrev och fnittrade. Hennes husman skakade på huvudet, men eftersom han var en så fin och förstående husman så lät han henne sitta där och vara lycklig.

Vid påsktiden lade fruntimret ned pennan. Frukten var färdigväxt och mogen att skördas. Och tänk - hon som bara skulle skriva en krönika! Ur pollen, frön och sättpotatisar hade det nu vuxit upp en tjock bok. Det

356-sidiga miljöcertifierade bladverket prasslade. Hon gav den ståtliga boken sortnamnet *Det som spirar ur snö*. Det lät löftesrikt tyckte hon.

Sedan bad hon för säkerhets skull några goda vänner att studera boken och hjälpa till med att jaga verbala sniglar. Husmannen assisterade med att taktfullt beskära alltför vildväxande grenavsnitt och rensa bort några besvärliga ordogräs. Därefter paketerade hon den hortikulturella berättelsen om radikala livsval i ett usb och skickade iväg den till bokförlagslaboratoriet där den kunde mikroförökas till tusentals nya pocketbokar.

Snipp snapp snut. Så var den här sagan slut. Men boken *Det som spirar ur snö* finns nu ute i handeln och väntar på att bli läst för att sedan omärkligt utså grillerblomster i sina läsares skallåkrar. Och känner jag det där fruntimret i roshatten rätt, så sitter hon nu åter under sin hägg och sår frön till nya krönikor och berättelser.

Del IV

P.S.

Bildförteckning

siffran betecknar sidnummer

203

Källförteckning

siffran betecknar kapitel

30. Hemträdgården nr 6 2013
31. Hemträdgården nr 1 2014
32. Hemträdgården nr 2 2014
33. Hemträdgården nr 3 2014
34. Hemträdgården nr 4 2014
35. Hemträdgården nr 5 2014
    boken finns på: www.tradgard.org/ebok
36. Hemträdgården nr 6 2014
37. Hemträdgården nr 1 2015
38. Hemträdgården nr 2 2015
    Mästarrabatten: www.mastarrabatten.se
39. Hemträdgården nr 3 2015
40. Hemträdgården nr 4 2015
41. Hemträdgården nr 5 2015
42. Hemträdgården nr 6 2015
    Franciskus Solsång finns i svenska kyrkans
    psalmbok 23, i katolska Cecilia 38
43. Hemträdgården nr 1 2016
44. Hemträdgården nr 2 2016
    Uppsatsen som omnämns, "Hortikultur i fjäll-
    miljö": http://stud.epsilon.slu.se/8155/
45. Hemträdgården nr 3 2016
46. Hemträdgården nr 4 2016
47. Hemträdgården nr 5 2016
48. Hemträdgården nr 6 2016
49. Rotposten nr 1 2014
50. Rotposten nr 3 2011
51. Rotposten nr 3 2008
52. Rotposten nr 1 2013
53. Lokaltidningen nr 27 2012
54. Rotposten nr 1 2009
55. Katolskt Magasin nr 5 2016
56. publicerad på www.rosalapponica.nu

Om författaren och fotografen

Mariana Mattsson är känd som en passionerad lappländsk trädgårdsambassadör och som sådan har hon fått hela Trädgårdssverige att vända blickarna mot norr.

Hon belönades med Gröna Pennpriset 2013 för sin insats att främja trädgårdskulturen och bidra med inspiration och nytänkande i trädgårdskonsten. 2014 hamnade hon på 12:e plats i listan över Årets hetaste Lantisar.

Hennes verksamhet är bred och mångfacetterad. Utsedd till Mästare designade hon Mästarrabatten 2015 med det självklara namnet *Norrsken & Midnattssol* - en rabatt med känsla av vildmark i lyxförpackning med inspiration från samisk kultur.

Tillsammans med Reginald Scholz skapade hon det som anlades i syfte att bli Lapplands Kulturbotaniska Trädgård i Lycksele. Som konstnärlig ledare för Kulturbotan ansvarade hon fram till och med 2014 för att bevara det gröna kulturarvet och utforma dess trädgårdsdesign med en tydlig lappländsk prägel. Våren 2015 lämnade de uppdraget (se kapitel 40).

Mariana och Reginald har drivit flera andra projekt som inventering och restaurering av Blomster-Lottas trädgård i Ammarnäs samt tagit initiativ till arrangemang som Trädgårdsrajden.

Mariana har varit förbundsstyrelseledamot i Riksförbundet Svensk Trädgård och är grundare av Lappmarkens trädgårdssällskap.

Som skribent och författare gläder hon sedan många år läsarna av tidningen Hemträdgården med sina humoristiska krönikor och personliga betraktelser från norrländskt perspektiv. Hon är författare till flera trädgårdsböcker och 2016 utkom hennes första trädgårdsroman *Det som spirar ur snö*. Hon är också en van kursledare och efterfrågad föredragshållare.

Mariana kommer ursprungligen från Umeå men lever och arbetar sedan 2003 tillsammans med Reginald Scholz på en gård i byn Norrbyberg, 6 mil nordväst om Lycksele i Södra Lappland, odlingszon 7.

Sin trädgård, med allt från rosenäng och köksträdgård till pocketfjäll och vingård, har de med glädje visat upp för allmänheten många gånger.

Reginald hade redan 1997 fått nog av stressen i Tyskland, och med sin Diplom-Ingenieur-examen från RWTH Aachen i bagaget flyttande han från Köln till lugnet och lingonen i Lappland. Enligt hans tycke är odling i Lappland precis lika exotiskt och spännande som trädgårdar på Madeira.

Tillsammans med Mariana driver han trädgårdsprojekt och producerar informations- och utställningsmaterial samt e-böcker. Han konstruerar växthus och installerar solel. Men i krönikorna som ingår i boken är han förstås mest känd som Marianas husman...

Om Svensk Trädgård och Hemträdgården

Riksförbundet Svensk Trädgård är landets största trädgårdsorganisation med över 32.000 medlemmar och omkring 160 lokala trädgårdsföreningar över hela landet. Svensk Trädgård är en mötesplats för trädgårdsintresserade och verkar för att främja alla former av trädgårdskultur och inspirera till ett lustfyllt odlande. Förbundet sprider kunskap om miljövänlig odling och driver konsumentfrågor för trädgårdsodlare.

Som medlem får du:
- 6 nummer per år av kvalitetstidskriften Hemträdgården, där de främsta svenska trädgårdsskribenterna och trädgårdsfotograferna förmedlar pålitlig kunskap för såväl nybörjare som erfarna odlare
- fri trädgårdsrådgivning via telefon och mejl
- tillgång till kunskapsbank via förbundets hemsida samt småskrifter och faktablad
- medlemskap i en lokal trädgårdsförening
- erbjudande om kvalificerade kurser och utbildningar
- medlemsrabatter på allt från resor, inträde på mässan Nordiska Trädgårdar och besöksträdgårdar till växter, böcker och redskap

Läs mer och bli medlem på www.tradgard.org

Av Mariana Mattsson finns tidigare utgivet:

En trädgårdsvallfärd - som pilgrim till gröna
paradis (*)
(med Reginald Scholz) 2009, 2010, 2014

Minns du hur korovan smakade?
(med Reginald Scholz och Elisabet Alnerson)
2010

Inte bara trädgård - 33 krönikor om hortikultur (*)
2013 (första upplagan)

Det som spirar ur snö - en hortikulturell berättelse
om radikala livsval
2016

(*) finns tillgängliga som e-böcker, ladda ner och
läs från www.tradgard.org/ebok

Följ boken via:
www.facebook.com/intebaratradgard

Följ Mariana Mattssons andra projekt via:
www.rosalapponica.nu
www.facebook.com/rosalapponica/